U0754653

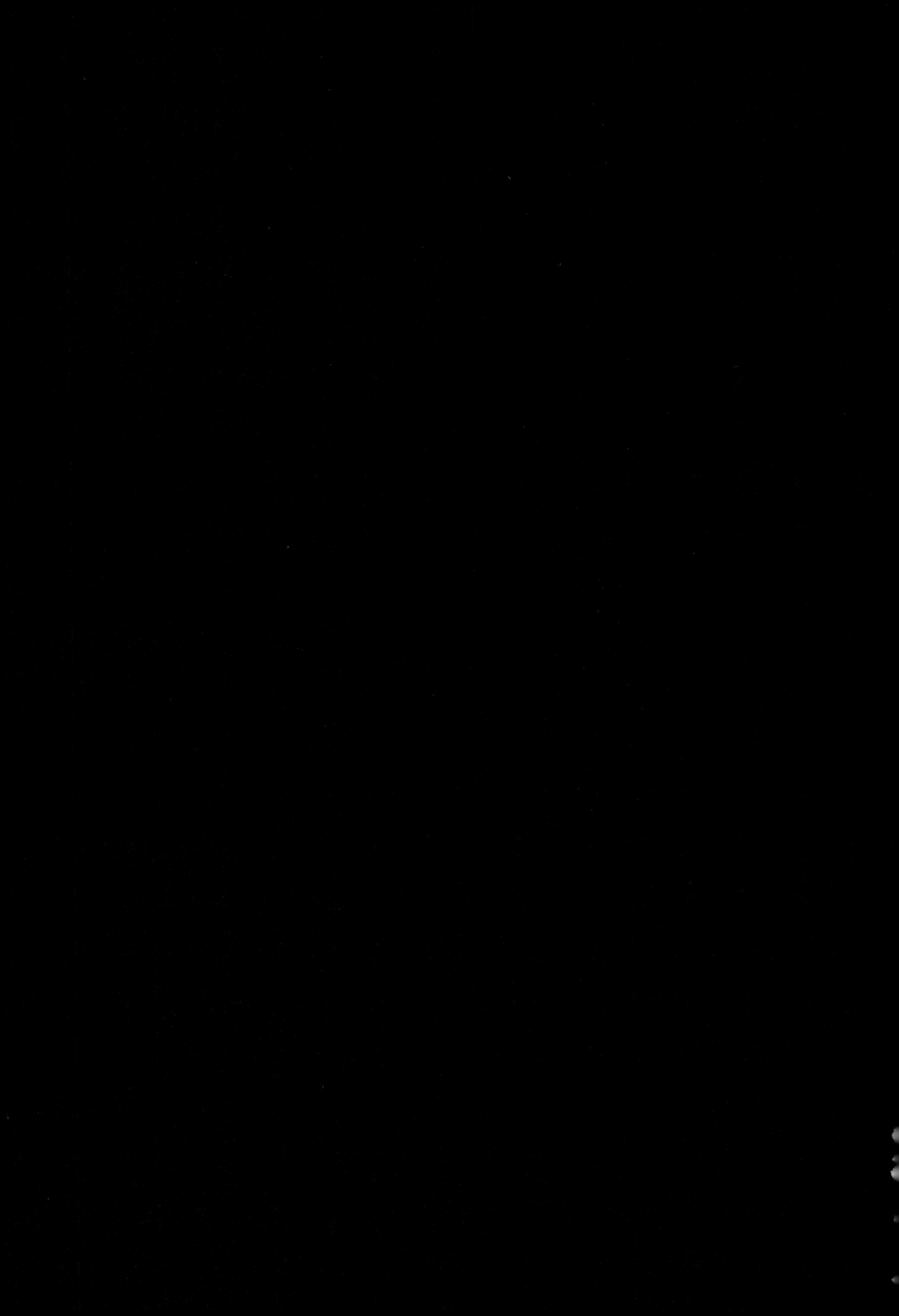

日本妖怪图鉴

北方联合出版传媒（集团）股份有限公司

万卷出版公司

［日］歌川国芳等 绘 杨雪 编著

© ［日］歌川国芳等　杨雪　2019

图书在版编目（CIP）数据

日本妖怪图鉴 /（日）歌川国芳等绘；杨雪编著. —
沈阳：万卷出版公司，2019.9（2021.10重印）
　ISBN 978-7-5470-5190-0

　Ⅰ. ①日… Ⅱ. ①歌… ②杨… Ⅲ. ①鬼—文化—日
本—图集 Ⅳ. ①B933-64

中国版本图书馆CIP数据核字(2019)第160776号

出 品 人：王维良
出版发行：北方联合出版传媒（集团）股份有限公司
　　　　　万卷出版公司
　　　　　（地址：沈阳市和平区十一纬路25号　邮编：110003）
印 刷 者：辽宁新华印务有限公司
经 销 者：全国新华书店
幅面尺寸：145mm×210mm
字　　数：160千字
印　　张：8
出版时间：2019年9月第1版
印刷时间：2021年10月第4次印刷
责任编辑：张洋洋
责任校对：高　辉
装帧设计：汤　宇
ISBN 978-7-5470-5190-0
定　　价：68.00元
联系电话：024-23284090
传　　真：024-23284448

妖怪出没，
请小心

日本妖怪文化发展史

当岩石、草木会说话的时候，妖怪就已经存在于这个世界上了。

妖怪起源于人类对自然、动物的敬畏。在古代，人们无法用已有的知识解释大自然中发生的一些现象，便把自己看不见、摸不着、无法控制的力量统统看作妖怪在作祟，这孕育了妖怪传说滋长的环境。

日本多列岛，人们的生活与水、山岭和树林密切相关。同时，地震、台风、海啸、火山爆发等自然灾害频发，这样复杂多变的地理以及自然环境使得日本人民对大自然产生了强大的恐惧感，认为自然界存在着许多难以抗拒的无形的力量在控制和干预着人们的生活。比如"蜃气楼"，就是由于人们当时无法解释海市蜃楼的现象而创作出的妖怪形象。于是，妖怪便进入人们的生活和思想之中了。

日本的妖怪文化可以追溯到绳纹时代，相对应的是我国的夏商周时期。这时期的神话和怪谈，伴随着先民质朴的生活，显得率真、坦荡，并无机巧与花样。进入封建时代后，日本的社会形态以农耕为主、渔猎为辅。农夫、渔民们在劳作之余，将祖辈留下来的幻想传说当成枯燥生活的调剂品，在口口相传中对神话传说进行了再创造，妖怪主题便是其中的热门。于是，一个个糅合着泥土韵味的民间故事就这样生成了。

平安时代开始，日本与中国大陆的文化来往频繁，随着遣唐使对中国文化的学习，中国的妖怪也随之被传到日本，

其中最重要的便是地理志图籍《山海经》。《山海经》一经传入日本，便受到日本社会上下的强烈推崇。书中所记述的妖怪也与日本本土妖怪文化体系完成合理的融合，并逐渐演变成了各种各样至今仍活跃在日本的妖怪形象。最具代表性

的便是日本三大妖怪之一的"天狗"，它的最初形象来源于《山海经》中的天狗，在之后的演变中，变成了红脸高鼻，穿着僧服、木屐的日本天狗形象。

到了日本的室町时代，幕府王朝养了一批御用画家，其中以土佐光信为妖怪画的开山祖师。他对妖怪进行了形象的描画，使妖怪形象逐渐在人们的认识中得到了统一。土佐光信所绘的《百鬼夜行绘卷》是日本的瑰宝级文物遗产。

到了江户时代，随着商业、手工业的繁荣，人们已无须再依赖老天赏饭吃了。于是妖怪们也摇身一变，成了住在各种物品道具里的精灵。最著名的便是鸟山石燕的《百鬼夜行绘卷》，描绘了镜子、木鱼、马鞍等旧物品因为被人们弃置不理，一怒之下变成妖怪半夜出来游行的场景。

进入近现代以后，许多自然现象得到了科学的解释，即便如此，妖怪也并未从日本民众的生活中消失。人们将妖怪作为一种休闲文化，在文学、漫画、影视中不断更新和发展，以妖怪为题材的小说、漫画、电影层出不穷，比如水木茂的"鬼太郎系列"、高桥留美子的《犬夜叉》、宫崎骏的《龙猫》《千与千寻》等，新时期的妖怪文化通过新的载体焕发了新的生命力。

目 录

日本妖怪经典形象

恐怖血腥的精怪，相貌狰狞的幽灵，调皮可爱的灵魂，迷糊捣蛋的鬼怪，日本妖怪文化丰富多彩。人们常常看到的日本恐怖电影和恐怖漫画，皆来源于日本丰富的妖怪文化。

茨木童子

　　茨木童子是看守罗城门的妖怪，不过他看门不是为人，而是要把那些误闯人居的妖魔鬼怪带到正确的路上。传说他是酒吞童子的手下，是个厉害的恶鬼。

　　相传茨木童子也是个身世可怜的鬼。他的母亲怀胎十六月才生下他，导致他出生便被人们嫌弃，称为"鬼子"。后来，他被理发店老板收养，成了学徒。在一次理发中，他不小心刮破客人的头皮，他忍不住伸舌舔血，竟然觉得十分鲜美，他也因此再次被人们嫌弃。不久，他发现自己的倒影中呈现鬼相，便抛下尘世，去往丹波山，成了酒吞童子的手下。

　　茨木童子最为出名的传说则是其被源赖光的家臣渡边纲挥刀斩下一只手臂，这把刀被后人尊称为"鬼切"。

《新形三十六怪撰　老婆婆持去鬼腕図》　月冈芳年

传说在某日傍晚，源赖光手下的四天王之一的渡边纲自仕所返回自己住处。当他走到桥头的时候，忽然看见一位貌美的女子独自徘徊着。渡边纲上前询问，女子告诉他自己刚搬到此处，住在五条府邸，因为不熟悉道路，所以在此徘徊。渡边纲看天色已晚，便扶着女子上马，两人骑着马向五条府邸走去。眼看快到了，那美貌女子忽然向渡边纲发起了攻击。原来这女子正是平日蛰伏于罗城门之上的鬼怪茨木童子所化，想杀害渡边纲。此时渡边纲腰间正挂着向源赖光借来的名刀"髭切"，他大刀一挥，便砍下了茨木童子的一条手臂，茨木童子飞快地逃走了。

为了显示自己的英勇，渡边纲便将茨木童子的断臂呈给源赖光，源赖光让安倍晴明进行占卜，占卜的结果是"渡边纲应进行七日的物忌"（阴阳道中的一种暂时断绝酒肉不能见客的斋戒）。于是渡边纲开始了为期七日的物忌。等到了第六天，渡边纲的养母真柴突然来访，他便打破物忌的戒律，与养母相见。谈话间，养母说想看鬼的断臂。于是，他把茨木童子的断臂拿出来给她看。真柴拿着断臂仔细地看了许久，然后突然大声地叫喊说："哎呀，我的胳膊怎么会在这里呢?"说完，她抓起断臂，转瞬便破窗而逃了。

图中笑容诡异的老婆婆实则为茨木童子所化。

姑获鸟

　　姑获鸟又名产女、夜行游女、天帝少女、鬼鸟，是由死去的孕妇化身而成的妖怪。姑获鸟通常是抱着婴儿出现在十字路口。如遇到过路人，就会求那个人替她抱一会儿孩子。这时，她会倏然不见，怀中的婴儿则会越来越沉。如果抱婴儿的人能坚持得住，她就会又立刻出现，并十分感谢这个人。作为报答，她会给此人以巨大的臂力，还会奖赏此人大量财宝。姑获鸟最爱做的事便是偷走别人家的孩子。

　　据说，姑获鸟能够吸取人的魂魄，所居住的地方都是磷火闪耀的。姑获鸟常在夜间出没，披上羽毛即变成鸟，脱下羽毛就化作女人。如果有婴儿的家庭在夜晚忘记收晾在屋外的婴儿衣服的话，那么一旦被她发现，就会在上面留下两滴血作为记号，孩子

和汉百物语　主马介卜部季武　月冈芳年

不久便会被偷走。

　　在《今昔物语》中，源赖光手下四天王之一的卜部季武随主公源赖光出行途中便遇到了姑获鸟。当时，姑获鸟打算加害季武，要求季武帮她抱孩子。季武接过孩子后吃了一惊，那孩子抱在手上居然犹如铁石一样重。但他不愧是武家勇者，咬着牙抱住姑获鸟的孩子，而且后来任凭姑获鸟如何哀求，就是不予归还。随后，他带着婴儿回返驻地，但下马细看时，襁褓之中却只剩下三片树叶。

皿屋敷·阿菊

　　阿菊是在怪谈"皿屋敷"中登场的幽灵，"皿"是指盘子，"屋敷"则是指房屋。关于阿菊怪谈的版本很多，流传最广的传说是阿菊在一个官员家中做女佣，男主人看中了阿菊的美貌，多次表示要纳阿菊做妾，但都被拒绝了。一天，男主人家中有贵客到访，要阿菊拿出祖传的一套盘子来招待，阿菊失手打碎了一个，便被男主人切掉一根手指，关进了一间破烂的小屋。绝望的阿菊在半夜爬出小屋，跳进院中的深井自尽了。阿菊死后，男主人散出谣言，说阿菊偷了家里的东西逃走了。可自那以后，井底每晚都会传出阿菊"一个……两个……三个"悲悲切切数盘子的声音，数到第九个，就开始哭泣，然后再从头数起。

　　《百物语》中的阿菊的脖子上缠着一个又一个盘子，从井里飞出。

《百物语 阿菊》 葛饰北斋

幽灵

　　幽灵，是死者的灵魂，以其生前的样貌再度现身于世间。在日本的幽灵画中，大部分幽灵都没有脚，而是自由地飘来飘去，如入无人之境。幽灵拥有各种灵力，运用此力量便可杀害其仇人，达到复仇目的。

兵主部是一种与河童相类似的妖怪，浑身长满细毛。它夏天住在水边，冬天住在山里，可以根据季节的变化而变化。传说见到兵主部的人会身染恶疾甚至死亡，于是人们会在农田里供奉它最喜爱的茄子以祈求平安。在日本的很多神社里都将兵主部当作战神供奉着。

011

阿露

　　阿露是日本著名怪谈《牡丹灯笼》的主人公。江户时代，名门闺秀阿露与浪人新三郎相恋，却因门户之见未能终成眷属，最终香消玉殒，阿露的乳母阿米也追随主人而去。新三郎得知后万分悲痛，夜夜不能成眠。

　　一天夜晚，新三郎的家中传来敲门声，他打开门一看，竟然是他日思夜想的阿露站在门外，旁边还站着手提牡丹灯笼的乳母阿米。阿露告诉他，自己和阿米并没有死，只是去乡下养病了。自此之后，每天晚上阿露和阿米都会提着牡丹灯笼来到新三郎的家，夜夜欢笑。住在新三郎隔壁的阿藏听到传来的欢笑声后忍不住过去偷看，结果吓了一大跳，他看见新三郎紧紧地抱住一个没有下半身、披头散发的女人。隔天，阿藏将自己在夜间所见告诉

《新形三十六怪撰 牡丹灯篭》　月冈芳年

了新三郎。新三郎打听后得知，阿露和阿米确实已经去世了，每晚陪伴自己的是她们的亡灵。于是，新三郎请寺庙中的和尚来家中诵经，并在家中门窗上贴满了驱鬼灵符以防止阿露和阿米的亡灵进入。当天夜里，两人的亡灵果然被拦在门外。第二天，阿露去找阿藏，请求他撕去灵符，并答应他会以黄金作为报酬。撕去灵符后，阿露和阿米一溜烟进了新三郎的家。第二天一早，人们在屋内发现了新三郎的尸体以及另外两具女人的骸骨，在旁边还有盏已经熄了火的牡丹灯笼。

天狗

天狗是日本最广为人知的妖怪之一，且种类众多。修行高的天狗被称呼为"魔王"，它率领着一群小天狗，就是像鹫、鸢一样的乌鸦天狗们。乌鸦天狗，又称"乌天狗"和"鸦天狗"，长着乌鸦般的嘴巴和尖耳，下肢为鸟爪，背部有双翅。

天狗住在深山之中，有着将其他生物撕成碎片的力气，其手中所拿的扇子，只要轻轻一挥，便能将许多棵大树连根拔起。据说修行高的天狗有法力，能用各种幻术，其剑术也非同一般。

《赞岐院遣眷属搭救为朝图》　歌川国芳

　　源为朝出海途中遇到了风暴，鸦天狗们救下了源为朝一行人。忠臣喜平治抱着源为朝之子骑在了被为朝家臣附体的鳄鲛之上。

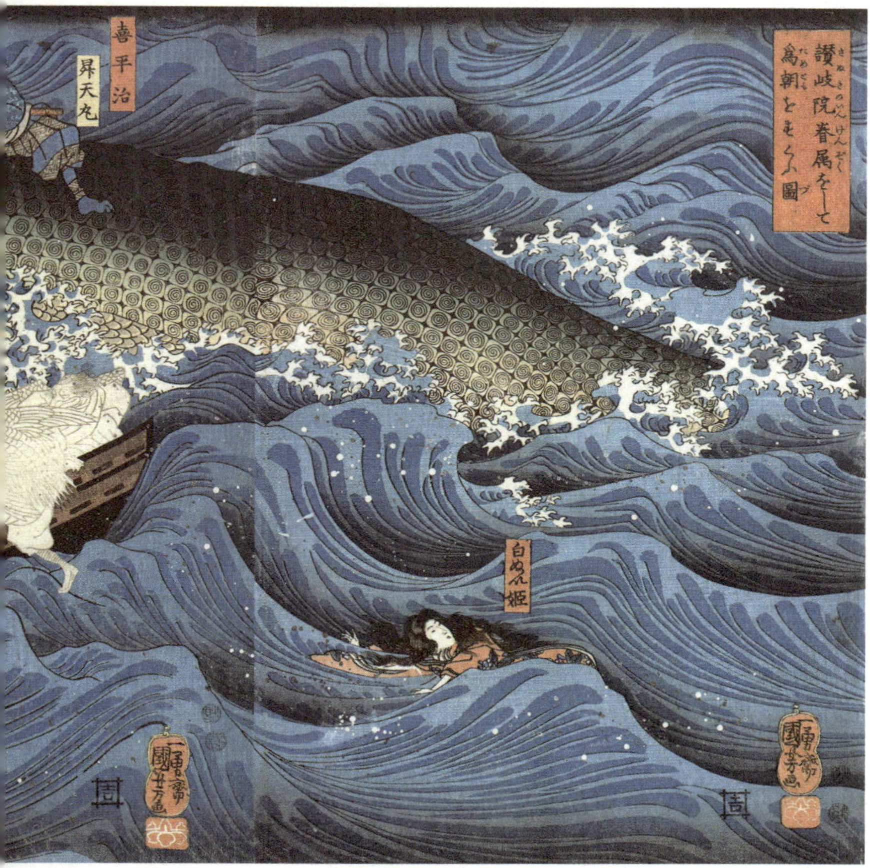

讃岐院眷属をして為朝をすくふ圖
喜平治
昇天丸
白ぬゐ姫
一勇斎國芳画
一勇斎國芳画

豆狸

豆狸个头差不多和狗一样大，智慧比一般的狸高出很多，据说它有扩展开来八张榻榻米那么大的阴囊，并且阴囊可以吹大，以提高自己的视野，同时也显得自己很庞大，甚至可以幻化出房间。

相传在元禄年间，一个云游四海的俳谐师在日向（宫崎县）高千穗遇见一个风雅的朋友，被邀请进家中做客。当天夜里，两人在有八张榻榻米大小的房间里创作鲁山风格的俳句，俳谐师不慎将烟斗里的烟灰落在榻榻米上。突然间，榻榻米一下子卷了起来，房间也消失得无影无踪。俳谐师这才知道这个屋子是豆狸的阴囊幻化出来的。

死灵

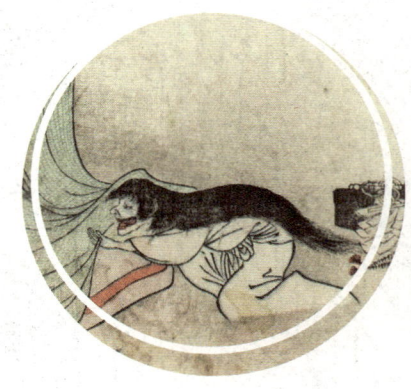

死灵，怀着怨恨的死人灵魂，日本传说的妖怪"累"就是死灵的代表。"累"是一个相貌丑陋的妇女，遭到丈夫的嫌弃并最终被杀害，死后累的灵魂附在女儿身上并讲述了自己的冤屈。后来，高僧祐天上人为她超度，她的怨灵才得以升天成佛。

倩兮女

　　相传，中国战国时期楚国宋玉东邻有一位姿色绝伦的美女，倾国倾城，趴在墙上窥视他三年，而宋玉始终不为美色所动。倩兮女便是这样一位登墙偷窥的美貌女鬼，她打扮妖艳，涂脂抹粉，半咧着朱红色的嘴唇，不停地笑着。据说倩兮女为淫妇之灵，素性轻浮，所以常嘻嘻哈哈地笑个不停。

土蜘蛛

　　土蜘蛛是与朝廷不和而藏匿在深山中的原住民死后怨灵所化的妖怪。它嘴内长有獠牙，体外长满刚毛。土蜘蛛性情残暴，常将遇到的人用丝牢牢绑住，然后拖回洞中吃掉。

　　相传，源赖光因疟疾卧病在床，一个身材高大的怪僧突然出现在他的病床前，想要用一张丝网将他捆住。源赖光赶忙拿出枕边的名刀"膝丸"向怪僧砍去。这时，听到动静的四大天王赶来一看，只见烛台下有一摊血。他们顺着血迹一路追踪，来到了一座巨大的古冢前，并在里面发现了一只巨大的土蜘蛛。土蜘蛛一见他们就投出无数细线，但最后还是被四天王联手斩杀，并用铁钎把它串起来放在河边暴晒。这之后，源赖光的身体也逐渐好转起来。

《新形三十六怪撰 源頼光斬土蜘蛛図》 月岡芳年

山童

　　山童的身材矮小如同孩童，体毛浓密似猿猴，仅有一只眼睛，可像人一样站立步行。山童力气很大，最喜欢吃饭团类食物，爱恶搞作弄人，但绝对没有恶意，最多也只是在山寺附近出现，偷和尚们的食物吃，不过却很讨厌有盐分的东西。

　　山童出没于深山之中，由于与河童有众多的联系，所以也有山童即为河童的说法，较为普遍的看法是春夏两季山童来到河边变为河童，秋冬回到深山即为山童。传说河童进山之后，不仅名字改变了，就连身体的形态和性质也发生了很大变化，所以山童和河童可以认为是两种完全不同的妖怪。

　　据说，山童不但不害人，还会帮助人，尤其是在山中搬运的樵夫，会经常得到山童的帮助。不过这种帮助可不是无偿的，需要给山童最爱的饭团吃才能调动它们的积极性，特别是在搬运大树翻山越岭的时候，只要给山童们足够的饭团，它们必定会每天都来帮忙。山童在和人一起搬运大树的时候，总喜欢在后面，即使再沉的东西，它们也搬得动。不过饭团要在搬运结束之后再给山童吃，如果在开始或中途就给了饭团，山童很可能吃完就开溜了。

道成寺钟

　　道成寺内有一口大钟。传说，两位到熊野修行的僧人到清姬家中借宿，清姬爱上了其中一位叫安珍的僧人，并用尽方法想留下安珍。安珍找个借口离开了清姬的家，临走前许诺一定会回来。清姬苦等了很久也不见心爱的人回来，方才醒悟到自己被骗了，于是她连鞋子都顾不上穿就去追赶安珍。一路上清姬受尽苦楚，途中路过一条河时，因无船过河而跳入河中，变成了半人半蛇的妖怪继续追赶安珍。安珍逃到了道成寺，躲进一口大钟之中。清姬随后而到，奈何钟身坚固无法入内。心中的委屈加上路途受尽的苦楚终于使清姬爆发了，她自燃起来，连同钟内的安珍一起烧死了。图中清姬披头散发从河中出来，表情哀怨，一袭红衣仿佛代表着胸中的怒火。

入内雀

　　入内雀是藤原实方死后的怨念所化。藤原实方是日本平安时代中期的大人物。他担任右兵卫权佐，深受器重。但是同为朝中重臣的藤原行成却奚落实方是个呆瓜。两人为此发生了争吵，还吵到了皇宫里，实方一怒之下将行成的帽子扔到了院子里，然后扬长而去。一条天皇为了惩罚实方的无理，将他贬为陆奥守。而藤原行成因为冷静应对，反而被天皇提拔为藏人头。

　　藤原实方虽然认识到了自己的错误，但心中还是十分怨恨天皇，几年后郁郁而终。他的怨念变成了一只麻雀，飞到了京都宫中的清凉殿，还啄食盘中的饭粒。因此人们将这只麻雀叫作"入内雀"或者"实方雀"，认为它是实方的怨灵在作祟。

《新形三十六怪撰　藤原実方怨化執心雀之図》　月岡芳年

目竞

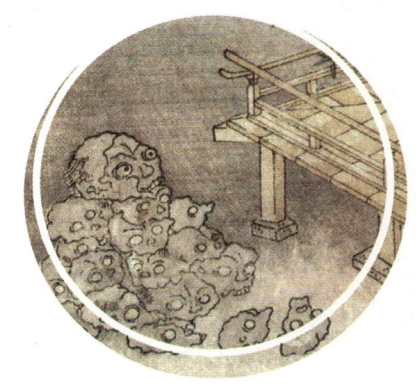

　　目竞是一种骷髅状妖怪，由许多堆叠在一起的骷髅组成。每个骷髅都长有两只巨大而空洞的眼睛，在夜晚进到人的庭院中，用它骷髅头的"双眼"与人对视。如果人率先移开目光，目竞就会把他吃掉；而如果一直与它对视，目竞就会心虚地逃跑了。

青坊主

　　青坊主是全身青色的独眼和尚。它身材魁梧，脚丫很大，因为走了太多的路，变成了扁平足。青坊主原本是寺庙中偷懒的和尚，死后变成了妖怪，但仍必须敲击木鱼，继续修行。若是有小孩儿在夕阳下山后，还逗留在山中玩耍，就会被青坊主抓走教训一番。

阿岩

　　阿岩是江户时代的女鬼，她的传说起源于东京四谷的阿岩稻荷神社。后世据此创作了形形色色的作品，其中以歌舞伎剧本《东海道四谷怪谈》最为著名。

　　阿岩生前是伊右卫门的妻子，在产后遭到伊右卫门的厌弃和背叛，于是伊右卫门买通人将毒药谎称为调理气血的补药给阿岩服下。喝下毒药的阿岩容貌尽毁，当她拿起梳子梳头时，青丝竟一缕缕地掉落了，阿岩含恨而终。

《木曽街道六十九次之内　追分　阿岩宅悦》　歌川国芳

另一方面，伊右卫门等人打死了偷盗民谷家秘传药的下人小平，并将其尸体与阿岩的尸体分别绑在门板两侧，弃尸河中。一天，伊右卫门在河边钓鱼时看见河上漂来了熟悉的门板，他捞起来一看，门板上竟然还绑着阿岩与小平的尸体。阿岩的尸体诉说着怨恨，伊右卫门惊骇地将门板转过来，只见小平的尸体同样开口在咒骂他！伊右卫门惊恐不已。七夕之夜，伊右卫门因迷路借宿于一户人家，受到了女主人的款待。但女主人的脸却突然变成了阿岩的模样！伊右卫门吓得跑了出去，跑出去后他惊奇地发现院子里的南瓜也全变成了阿岩的脸，而且连灯笼中也出现了阿岩！

伊右卫门惧怕阿岩的亡灵，不停地念佛，但毫无作用。最后，被阿岩的亡灵追得无处可逃的伊右卫门遭到杀害。阿岩的仇终于得报。

《百物語　阿岩》　葛飾北斎

《形见草四谷怪谈》 杨州周延

愤怒的阿岩面孔在灯笼中出现，喝下毒药的她面色发青，眼皮下垂，看起来十分恐怖。

猫又

　　猫又在日本是相当具有灵气的邪妖，也是在民间被认为最接近现实的妖怪。妖力越大的猫又，尾部的分岔越明显。碰见猫又可不是好事，因为传说中它们是非常凶残的，有十分锋利的牙齿，能将山中的其他妖兽撕得粉碎后吃掉，同时也会咬伤人类和家畜。猫又还具有一项特别的技能：用妖力招手操控尸体。

見越入道

日本妖怪经典形象

据说走到夜路或斜坡的尽头时，有时会出现一个僧人模样的家伙，如果一直抬头往上看他，他就会越变越大，甚至胀大十几倍。如果一直这么看他，那个看的人会因此而死亡。这个妖怪就是见越入道。他对世间充满好奇，经常出现在你意想不到的角落，比如十字路口、石桥和树上，窥探人们的生活。见越入道有一双巨大的交叉眼，他的真实身份没人知道，但在某些传说中，他是由鼬鼠、狸猫或者狐狸变成的。

滑头鬼

　　滑头鬼又称"滑瓢"，夜晚人人都忙得不可开交时，他便会不请自来，走进家里，随便坐在客厅喝茶。家里人也会寻思这到底是哪位，但终究会因为太忙而分心，未能看透他的真面目。这种妖怪的特征就是专门会在这种时候出现，很善于钻人心的空子。

　　据说，滑头鬼的真面目是章鱼，貌似老人，头上没有头发，妖怪之间要是发生争执，会找他来主持公道。

山姥

　　山姥，指居住在深山中的长得像老太婆的妖怪，是日本女妖的另一典型代表。她体型彪悍，以普通衣服缠住上身，用树叶或树皮裹为贴身下裙。山姥最大的特点是会读心术，拥有能读懂对方内心想法的能力，这也是她可怕的地方。

　　山姥身高可达两三米，披头散发，表情沉稳，居住于深山孤僻的小屋之中。她通常用绳子把披散杂乱的白发系起来，打扮成普通山妇，以等待那些在山里迷路的人们，再找机会将他们捉来吃掉。据说，山姥在年轻的时候也曾是动人一时的娇艳女子，但由于怨念的积累，本是温柔可人的女子却变成了凶残的山妖。山姥中有好的也有坏的，有赐予土地丰收和财富的，也有吃掉旅人和小孩儿的。

山姥善读人心，关于她的读心术，民间流传着一个故事：有个小伙子在山中迷了路，见天色已晚，便来到山姥的小屋，打算借宿一晚。在征得主人同意后，小伙子才开始仔细打量主人的相貌。当小伙子看到山姥头上缺齿的梳子及不修边幅的打扮时，他有些胆怯了，心想这样模样的老太婆，简直像个妖怪一样。山姥冷笑着，露出闪着黄光的牙齿，对他说："你一定是在想，这个老太婆不修边幅，穿着打扮如此怪异，简直像个老妖怪一样。"小伙子吓了一跳，于是心想："她也只是面目丑陋，还不至于半夜时把我吃掉吧。"这一切怎么瞒得住山姥呢，她对小伙子说道："你现在心里正在想着我不至于半夜时把你吃掉，对吧？"此刻小伙子已变得面色苍白，但还勉强地装得若无其事地说道："我只是忽然感到疲倦了，在想是否可以休息了。"但此时他心里想的却是："那个老妖怪刚才煮了一大锅开水，肯定准备半夜吃掉我。"山姥继续笑着对他说："不过现在你心里想的又是我早就用大锅烧好开水，用来准备半夜把你吃掉，对吗？"小伙子已是越来越害怕了，可还是壮着胆说："我走了一天的山路，累极了，喝下了这碗热粥，我想早些休息，明儿一早还要赶路呢。"可心里想的却是："这真是个让人毛骨悚然的恐怖女人，长得像老妖婆一样，一定就是传说中的能读懂人心的山姥。"山姥仍然立刻接着那男子的话把他刚才心里所想的又重复说了一遍。小伙子此时的恐惧已经无法用词语来形容了，他强撑着对山姥说："我还是先休息去了。"接着，他便去了房间，连外套都没脱就躺在床上，这是为了麻痹山姥，让她放松对自己的警惕。而山姥却斜眼看着小伙子，不屑地说道：

"你是想找机会逃跑吧？"小伙子觉得自己已无任何可隐瞒的了，继续待下去只有死路一条，于是便拼命地逃离山姥的家。而山姥也恢复其真面目，凭借其强大的能力，轻易地抓住了这个可怜的小伙子，把他当作了美味的夜宵。

日本妖怪经典形象

狐火

狐火，狐狸所点的火。除夕之夜，各地的狐狸聚集起来，每只狐狸口中都叼着一个火把，好像无数的鬼火飘舞，蔚为壮观。据说，在晚上看见狐火的人，很可能走着走着就迷路，或是身上丢了什么东西，甚至还有人会变成狐狸。

在日本的传说中，狐的形象被赋予了很多神秘的色彩，成为了一个人格化、神化的存在。关于狐的传说有很多类型，比如狐的先知、狐的复仇、狐信使以及学者狐等，而流传最广、最打动人心的应该是狐妻的传说。《扶桑略记》中收录的《善家秘记抄》曾记载：从前有一个好色的男子，突然有一天消失不见了，家人尽全力寻找无果，只能制作一个木像向观音菩萨祈祷。十天之后，家人在自家仓库的地板下发现了如大病初愈一般的男子，向其

《木曾街道六十九次之内 下诹访 八重垣姫》 歌川国芳

　　八重垣姬得知自己心爱的未婚夫要被父亲暗杀，便想立刻将这一消息告诉未婚夫。在灵狐的保护下，借助狐火之神力，她顺利渡过诹访之湖追上了未婚夫。

询问行踪。从男子模糊所云中大致得知，其被居住在大宅子中的公主收留，并与其一起幸福生活了十三年。但有一天突然出现了一个手持法杖的人，公主和随从们都大惊失色，四散而逃，自己也被人用法杖从背后敲打，不得已只得从一个狭小的间隙中逃出去，这才发现之前原是大宅子的地方只是一个破旧的仓库。听其所述由来之后，家人感觉不可思议，便将仓库拆毁。结果从仓库的地板底下逃出了几只狐狸。原来，这十三天男子一直被善于变化的狐狸所欺骗，所谓的十三年只不过是十三天，可能是家人的哭诉感动了观音菩萨，使得狐狸的法术被破解了，男子才得以被救出，之后人们都说是观音的法力救了这位男子。

　　盥漱是日本古时候用来盥洗的盆状容器。它由圆木做成，浑身涂着黑色的漆，有四支长长的支架。为了盥洗时不让盆中的水湿了衣服，袖子要挂在那支架上，然后洗手洗脸。在古时的日本，一般的男女都会使用这种洗漱的器皿。可是随着时代的发展，木桶样的盆开始大范围地使用后，这种占地方的盆（因为支架比较占地方）便被遗弃不用了，这就使它变成了妖怪，即付丧神。

　　人们在使用变成了付丧神的角盥漱时，会在不留神的时候，被鬼窥视到自己映在水面上的面容。到了午夜子时以后，如果再去偷看这个角盥漱，鬼便会返回来，支架会把看向角盥漱人的袖子缠住，而这时被缠住的人的脸也会消失掉，据说是被妖怪偷走了。所以到了晚上是绝对不能去看角盥漱的。

业原火

　　业原火指的是出现在京都的鬼火。万籁俱寂的夜晚，丛原中浮现出了一张带有苦闷表情的僧侣的脸，这张脸被火光包围着，上蹿下跳。据说他生前是壬生寺地藏堂的僧人，因偷盗香火钱和灯油，在死后受到佛的惩罚，变成了鬼火。

鸣屋

　　鸣屋是寄生在家中的小妖怪，大多出现在古老陈旧的房屋中。它们会经常拉动家中的东西，并由此而发出吱吱呀呀的响声。图中的鸣屋为几个身形矮小的妖，手中拿着不同的工具，有的敲打拉门，有的摇晃廊柱，做着使房屋发出声响的动作。

白容裔

白容裔为破旧抹布变化成的妖怪，是付丧神的一种，其姿态为破布条幻化为龙的样子。它会用恶心的黏液缠住人，并放出恶臭，让人气绝身亡。

帚神

帚神是扫帚化成的妖怪，属于吉祥的神，能够保佑孕妇顺利生产。

火消婆

　　火消婆又叫吹消婆，她是个长得像老太太的妖怪，会吹熄灯笼里的火光，被认为是专门灭火的妖怪。

寺清手

　　相传物部大连守屋反对佛教，将寺庙的佛像烧毁了很多。后来，守屋被信奉佛教的皇子杀死后，化成尖嘴的鸟专门破坏寺庙，被称作"寺清手"。

蛇带

　　《博物志》中说，如果人在睡觉时枕着带子就会梦到蛇。这条带子就是蛇带。蛇带外形就像一条上好的腰带，两端各有一个头。关于蛇带还有一个传说：人们上山时容易受到毒蛇的袭击，有个姑娘想出了一个好办法：她仿照蛇的花纹做了一条腰带，遇到蛇就对其摆弄，毒蛇以为是同类，于是迅速离开。

贝
儿
·
蝾
螺
鬼

日本妖怪经典形象

　　贝儿是贝桶变化成的付丧神。一种说法它是孩子们玩腻而不再使用的贝桶妖化的结果。还有一种说法认为，过去贝桶是母亲传给女儿的珍贵嫁妆之一，而自古以来嫁妆是母女间持续传承的，然而经过了数百年之后这些嫁妆便不再珍贵，所以便自这经历长久岁月的贝桶生出此种妖怪。

　　蝾螺鬼是三十年以上的蝾螺幻化的海妖怪。相传淫荡的女人跳入海中，会化作蝾螺。和其他蝾螺生活在一起，就会变成蝾螺鬼。

玉藻前

玉藻前即为妖狐，有着金色的体毛和白色的冠毛，还长有九条分开的尾巴。玉藻前最大的特点是能够变成倾世美女，迷惑有权者。玉藻前是日本妖狐中的最强者，其他日本传说中的狐狸大体上没这么强悍，最多也就是用尾巴点"狐火"而已。

"玉藻"本是鸟羽天皇最为宠爱的嫔妃，由于其天生丽质，被誉为"自体内散发出光芒的贤德姬君"，也因此，久寿元年(1154)，天皇特赐名号称为"玉藻"。她引诱鸟羽天皇不理朝政，夺取精气使其病卧床榻。正在危急关头，皇宫里来了个阴阳师安倍泰成揭穿了妖狐真身。醒悟过来的鸟羽天皇一怒之下派出大军讨伐逃走的九尾妖狐，却在玉藻前强大的妖法面前一败涂地，最后还是靠英勇的大将三浦介义明和上总介广常，才在那须野斩下了妖狐的

首级。九尾狐死后，其尸变化为巨大的毒石，散发出的毒气杀死了附近的动物，那须野的村民畏惧地称之为"杀生石"。讨伐军不管杀生石的事情，拍拍屁股走人了。结果杀生石在漫长岁月里一直杀人害命，直到南北朝时代会津元现寺的第一代主持玄翁和尚才将杀生石成功破坏，被破坏的杀生石则飞散到日本各地——这就是号称日本三大最恶毒妖怪之一的九尾狐妖玉藻前的故事，她可谓是集多国神话之大成、凝四海妖力于一身了。

牛鬼

　　牛鬼是牛和鬼的合体怪物，它的头是牛的形状，而身子则像巨型的蜘蛛或螃蟹。牛鬼是一种恶毒的海怪，它白天睡在海底，晚上到岸上偷袭人家，也有住在山里的。牛鬼善于用毒，会经常从口中喷射出毒液来发动攻击，再加上其为水栖生物，经常藏没于村庄附近的水中，要是有谁招惹了他，他便会不断地吐放毒液来污染一方水土，而靠此水源生存的村民们则会因中其毒而身亡。

发切

　　发切是一种喜欢剪人头发的妖怪，它会偷偷溜到人身后将人们的头发剪下来，使头发变得稀稀落落、斑秃不平，即俗称的"鬼剃头"，最后它还会杀害被剪头发的人。

　　江户时代的城市里有很多关于"发切"的传闻，不少地方都有发生过异事。曾经有几起恶性杀人案发生，被杀者多是大户人家的女工，她们都是被剪断头发之后杀害的，当时的新闻报纸亦有报道。据说，如果人们来到这些受害者遇害的房间，会感觉到空气凝结、头发打结。

髪切りの奇談

野暮と化物なりと
まふさ奇怪
説なるまゝにつゞ
ろなるまゝにつゞ

四月廿日の妻ありしを
番町過ぬさて
座敷り年ごろ
廿一女中或夜半
寝所よりおきて
に行くれ何者共もつて

野衾

　　传说里把深山中经历百年而不死的鼯鼠或飞貂称作野衾。它的脸像鼬，左右长有翅膀，翅膀的前端生出利爪。据说，野衾会趁着人或动物经过时一下子飞扑到对方脸上，然后吸食其血液。野衾现象应该就是深山的鼯鼠误入人类社会，夜视能力被人类点的灯、火炬干扰，导致乌龙事件发生。传说，宫本武藏在山中曾遇到过鼯鼠化成的野衾。

《美勇水滸傳　宮本武藏政名》　月岡芳年

飞头蛮

　　飞头蛮夜晚出行，往往在深夜里出现在街道上，以吓唬人为乐趣，但并不去伤害人，总体来说并不算是坏的妖怪。飞头蛮有两种：一种是有意识地杀人，另一种则是无意识的——夜晚，脑袋有了自己的意识，成为独立体。但它不能离开身体太远或者太久，否则就会有生命的危险。

　　飞头蛮起源于中国，在《搜神记》上有记载。后来传至日本，成为百鬼夜行里的一员，也就是传说中的长颈妖怪，也叫作辘轳首。顾名思义，它能身首分离，让自己的头部脱离身体而四处任意游走，并且在一定时间后头部还能够恢复身体原位。

　　飞头蛮多为女性，平时以正常人形态存在，一般在夜里时便化为女妖状态或成为飞头状态，然后四处寻觅男子吸收其精血或

和漢百物語

魯文記

小野川喜三郎

月岡魁斎芳年

将其杀掉，但也有的飞头只是为了飞向自己所喜欢的男子的卧房，看着自己深爱着但却无法与其共枕的男子，陪着他，静静地守护着他，到了天亮再离开。

飞头蛮的两种类型大相径庭，那种飞头后可以自己控制的飞头蛮往往带有明确的目的，比如杀人或吸精血，有时甚至多只群聚集体出动，属于危害性极高的一类，在民间流传着一种说法便是"如果遇到脖子上缠有红线的女人，千万不要去接近，更不能娶回家"，因为其头部和身体经常分离，所以在脖子的分离处缠有一丝红线为记号（也有说法是渗出的丝丝血迹），相信没人愿意结识飞头蛮这样的极凶女妖。而另一类则是飞头无法控制自己的意识，或者说是完全无意识的妖怪，可能其本身是人，但因为心中存在某种执念，比如对某男子超执着的爱恋，使得自己在不知情的状态下成为了妖怪飞头蛮，仅仅在自己睡觉的时候才会不由自主地发生飞头现象，是一种潜意识的行为，对于其本身来说，根本不知道夜里发生了什么。这类型的她们不会害人，但如果她们的这份执爱受到伤害或被破坏，那么潜意识将升华为本身的意念，最终成为怨念占据主导并具有主观意识且能控制行为的飞头蛮，也就是具有攻击行为的前一类型。

对于飞头蛮来说，在结束夜晚的行动后她们都会在次日早上返回自己的身体，依照颈处的红线作为记号使身首重新结合。除了红线标记外，有的还是一种不大显眼的细缝，甚至是断裂处的一滴血，正是依靠这些记号才能使飞头找到正确的回归处。倘若飞头在天亮前因为意外而回不到原处的话，那么其便会因身首异处而死掉。因为这个致命的要害，所以飞头蛮并不难对付，只要待其头飞走之后，将其身体颠倒，或者擦去脖颈处的红线或血滴即可，这样飞头回来时找不到原来的结合处，便会气绝身亡。

般若

　　般若是日本民间传说中的一种鬼怪，据说是因女人强烈的忌妒而形成的恶灵。般若本身是活人，但因强烈的忌妒而导致灵魂出窍，化为厉鬼害人。它栖居于山林中，半夜出来吃人，特别喜欢吃小孩子，还会发出令人毛骨悚然的笑声。

　　以绝色美女形象出现的般若是最为险恶的，但许多人却往往为美色所迷，对它不加提防。其实要辨识它很容易，因为它头顶有两只犄角，犄角的大小与其怨念成正比。当然，它平时会以长发和帽子遮掩这两只犄角。当般若蜕去美女外形现出原形时，整个面部就会变得极为狰狞，最明显的特征就是裂开到耳旁的大嘴，令般若看起来像是在狂笑一般，任何人见了都会吓得魂飞魄散。

赤舌

　　赤舌是一种与河童很像的妖怪，只是头上没有顶着水盘。它通体赤红，狮鼻，三爪四足，总是耷拉着一根鲜红的舌头。它生活在河川之中，喜欢在艳阳高照的天气里出现，它还帮助弱者、盗取他人田里的水。

手之目

手之目生前是一个盲眼艺人，靠每日在餐馆弹琴度日。一天夜晚，在回家的途中，他被一个强盗杀死，钱也被抢走了。死后，他便化身为手之目。可是他的眼睛仍然是盲的，但在两只手上分别长出了一只眼睛。手之目为了寻找仇人而四处游荡，"看"到疑似凶手的人就冲上前去将其掐死。但由于他生前是个盲人，所以不可能通过"眼睛"找到凶手，所以不巧被他撞上的人常常遭殃。

元兴寺

　　元兴寺是在奈良县的元兴寺中以僧人面貌出现的妖怪，它身上穿着一件大大的袍子，眼睛瞪得溜圆，好像要飞出眼外；嘴巴张着，似乎要吃人一般。传说此妖怪生前是元兴寺僧人，死后变成灵鬼躲在寺里的吊钟堂内，专杀吊钟的童子，后被拽下头皮，落荒而逃。元兴寺因为被恶人诱骗而做了违背寺庙规矩的事情而被活埋，死后阴魂不散，化为妖怪。

胧车

　　月色迷茫的夜晚，一辆牛车行走在都城的大街上，日本古代显贵们乘坐的牛车前方浮现出一张巨大的女性的脸，头发弯曲，表情哀怨。这便是胧车。在日本的古代，京都、奈良等古都会举行很多祭祀活动，每当举行祭祀活动时，都城中的人们争先恐后地涌上大街，一睹祭祀的风采。京都的贺茂大街是最好的观看祭祀活动的地方，因此，争抢车位的事情常常在这里发生，而胧车据说就是在争抢车位的过程中未能获胜，积怨之后久久不能散去而变成的。

河童

　　河童是日本传说中久负盛名的妖怪之一。它们看起来像四五岁的小孩子，有四肢，手脚上长有蹼。河童通常很纤瘦，皮肤就像青蛙的皮肤那样黏滑能反光，头上长着杂草般的头发，头部中央有一个圆盘状的凹陷处，盛满水之后力大无穷，把水倒掉法力就会消失。

　　河童的形象普遍认为来源于中国。根据古书《幽明录》记载，这种生物名叫"水蝹"，又名"虫童"或"水精"，裸形人身，身长大小不一，眼耳鼻舌唇皆有。《本草纲目》中也有关于"水虎"的记载，说是一种两栖动物，面似虎，身上有鳞，形如四五岁的儿童，通常都是全身潜入水中，只露出很像是虎爪的膝盖在水面。

　　据说，河童有三个肛门，从这三个肛门放出来的屁，是对付敌人的强大武器。不仅如此，河童还可以乘着屁的力气上天。除此之外，河童的手臂也很厉害。它的两条胳膊可以自由伸缩，而且臂力过人。河童喜欢和人玩相扑是出了名的，还喜欢把河边的人和动物拉到水中，这一点和中国的"落水鬼"很相似。这些落入水中的人和动物，结局一般都很惨：要么被吸血，要么被吃光内脏。所以，人们常常用这样的故事来吓唬小孩子，让他们不要轻易靠近水边。在民间故事中，河童有时候爱到水田里捣乱，有时候又会帮助人们种田、收割。如果你在山里砍柴的时候遇见了帮你搬运木柴的小男孩，那它十有八九是河童变的，也就是前文提到的山童。有时候，河童会不小心被人抓住，深受其苦的人们当然饶不了它，常常会砍断它的双手。好在河童的手还可以接上，但是为了讨回被砍断的双手，河童不得不向人们保证"今后一定不会再犯"，有时候还要每天早上给人们送来刚打的鱼，或者教给人们接骨秘诀。河童也会迷惑人，被河童迷惑的女人会变得很淫乱。

鸣釜

　　鸣釜是藏身在釜中的妖怪，它长着浓密毛发，头上顶着一口大锅，会占卜凶吉。古代的日本，人们认为锅发出的声音可以占卜凶吉。传说有个老农挖到一口古锅，每次用它烧水都会发出很大的声响，并且还会伴随着降雨。于是人们认为这口锅可以用来占卜天气，还把它当作神锅供奉起来。

狸

　　狸，又称狸猫，是日本民间口耳相传、家喻户晓的一种动物。狸最大的特征，就是喜好恶作剧，能变各种各样的东西。在日本的传说中，狸幻化的妖千奇百怪。它们本是普通的狸猫，机缘下得到仙气而变成妖。它们靠一片树叶便能千变万化，修行深的狸猫不用树叶也可变幻出千奇百怪的东西。

　　狸一直给人们很容易亲近的印象，和住在山里的人相处得十分融洽，甚至和狐一样，被当作神明来拜。不过狸似乎比狐更受欢迎，其稍显肥臃的笨拙身材和两块黑眼圈会令人忍俊不禁，心生好感。因此，在许多的民间故事当中，狸扮演的总是幽默、风趣的角色，而且有着随机应变的智能，与狡猾、善于欺骗的狐确实有所不同。

在诸多关于狸猫的诙谐传说中，"文福茶釜"的典故是流传最广的。相传曾经有一家狸居住在深山中，因为生活清苦，家里常常有上顿没下顿，有一天终于到了没有任何食物的地步。于是狸爸爸和狸妈妈商量，把自己变成茶壶让狸妈妈拿到集市上卖掉换些吃的，过段时间再变成狸逃回来。狸妈妈按照计划将狸爸爸变化的茶壶卖给了一家寺院的住持，住持让小沙弥将茶壶擦干净以便煮茶。当小沙弥擦到茶壶底部时，却听到茶壶发出了怨言："这样磨很痛呀，小和尚你就不会轻一点儿磨吗？"纳闷儿的小和尚当然不知道是怎么回事，于是接着将水注入茶壶，点了火开始煮茶。随着温度逐渐上升，从茶壶里又冒出微弱的声音："哎哟，好热呀！我快被烧死了！"突然，狸现出了头、躯干和四肢，夹着烧烫的尾巴准备逃之夭夭。早算到是狸化身为茶壶的老住持，施展法力擒拿下了茶壶狸。经过一番思想教育，茶壶狸只好留在寺里做一辈子文福茶釜了（"文福"就是指热水在茶釜中煮沸时的声响）。

不过狸也并非尽干捣蛋的事，作为最亲近人类的妖怪族，有些受到人类帮助的狸常常会化身为马或女子，去市场上变卖自己来答谢处于困境中的恩人。可是无论报恩也好，捣蛋也罢，到最后都会被人类识破，这就是狸有趣的地方。

《新形三十六怪撰　茂林寺文福茶釜》　月冈芳年

雨女

　　雨女的原型为中国古代神话传说中的巫山神女，有呼风唤雨的本领。雨女会在下雨天出现，独自站在雨中，这时候如果有男子向她微笑示意她共用一把伞的话，那雨女便会永远跟着他。此后，该男子就会一直生活在潮湿的环境中。因为普通人难以抵挡这么重的湿气，所以不久便会死去。

五德怪

　　据《徒然草》记载，"五德"原本指的是《平家物语》的作者信浓前司行长，他是个精通汉学的人，但是因为忘记了唐太宗所作的《七德舞》中的"两德"，故被冠以"五德"的称号。由于"五德"与烧水时支撑的铁架叫法相同，便衍生出了头戴五德铁圈的五德怪。

肉人

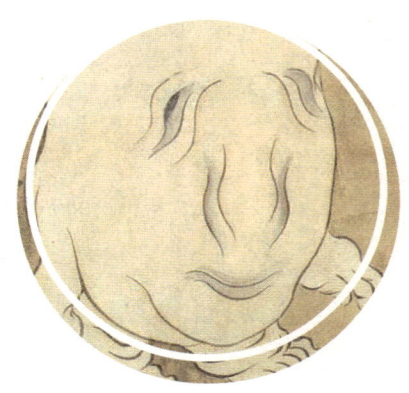

　　肉人是没有眼睛、鼻子的一堆肉，据说吃了它会长生不老。日本庆长四年（1599 年），德川家康所居住的骏府城内出现了一个奇怪的生物，这个生物本身就是一块肉，形状就像是被捏成一团一团的黏土，有手却没有手指，并且用手指向京都方向一动也不动。后来这个奇怪生物被德川家康身边的侍卫赶跑了。

涂佛

　　涂佛生前是个修士，身体发黑，眼珠凸出而下垂，头发稀疏，肚子浑圆，长着一条鱼尾巴，喜欢擦拭佛坛上的器物。从前，日本很多人家都会供奉佛坛，据说发生火灾时，人们最先想到的也是将佛坛搬出来。不过，当然也有些不信神佛、怠慢佛坛的人，这些人祖先的亡灵就会不安和发怒，甚至会亲自收拾佛坛。这便是涂佛。

雪女

在大雪纷飞的夜晚，雪女会穿着一身半透明和服于山路上飘过，她的肤色雪白，面容冷艳，怀中还抱着一个小孩儿。雪女在深山中居住，常常把进入雪山的男子吸引到没人的地方与他接吻，接吻的同时将其完全冰冻起来，取走其灵魂食用。

雪女是日本传说中除了三大代表妖怪之外最为知名的一种，也是真正日本国产的妖怪，但雪女却是日本妖怪中危害性最大和最为恐怖的妖怪。雪女是雪的生灵，其主要在东北地区世代相传的传说中被描写，因为雪女的出现总会伴随着纷飞的大雪，故在多雪的东北地区是"出现率"比较高的。

雪女是山神的属下，掌管冬季的雪，其通常在大雪或暴风雪的时候出来活动，若遇上她，即使是她只说一句话甚至嘴皮动一下，也都有可能被其吹出的寒气杀掉，想要活命的话则千万不能看她的脸，至于原因和详情就不是很清楚了，就好比人们在荒郊野外碰到熊后装死就能平安无事。同样地，遇见雪女后假装没看见，继续走自己的路，便能逃过一劫，千万不能因为其美色诱人而上前搭讪。通常幼年的雪女对人无害，不过凶猛的成年雪女除了用寒气杀人之外还会将所喜爱的人类男性永远冰冻起来，带回居住的山洞中摆放起来供自己欣赏。

传说，雪女经常出现在暴风雪之夜，她抱着小孩儿在山路中行走，并会请求路人帮忙照看自己怀中的婴儿，一旦好心的人答应了她这个要求并抱起那孩子，那么也就注定了其将要被冻死的命运。而在有些地方，人们也似乎在意识中也认同但凡有人在风雪夜里被冻死，那都是因为遇到了雪女。

除了出没于雪夜的山路上，雪女也常会在夜间于山中的小屋出现，而住在那屋里已经熟睡的人们则因为只能呼吸雪女所带来的寒气而被冻死，如果还没有完全睡着，她还会朝着其脸上吹出冰冷的气息，使人急冻致死。所以说吹气也是雪女最常用的杀人手段，而被她冻死的人通常是脸色红润并且面带微笑，似乎在其死前曾见到过什么美好的事物。不过在这样的情况下，即使万幸没有被害或者得救而未死去的人，要是将来对别人提起自己曾遇见过雪女并被她知道了的话，也会被雪女杀掉的。

濡女

濡女是人面蛇身的妖怪，样子十分恐怖。它的头部为人类女性模样，身子则是一条巨大的蛇，蛇身之长可以绕树三匝。它披头散发，随风飘动，嘴里吐着长长的舌头，预示着对吃人嗜血的渴望。濡女出现的时候会带着一个小孩儿，当好心人想要帮濡女抱小孩儿时，那个小孩儿就把自己和他连在一起，濡女便用它长而有力的舌头吸干受害人的血液。

铁鼠

　　铁鼠又称"赖豪鼠"，出现时身上常常穿着破旧的僧衣，戴着破碎的佛珠。

　　赖豪鼠的故事是平安时代说书人所热衷的题材。相传，赖豪为三井寺的高僧。白河天皇命赖豪为其祈愿皇子诞生，并应允"事若有成，一切恩赐不难"。后赖豪尽心祈祷，拜此愿力，皇子诞生，天皇大悦，询问赖豪想要什么赏赐，赖豪回答说："得天皇敕许三井寺建立戒坛。"天皇答应了他的请求，可同在比睿山的延历寺认为这对自己的宗教地位造成了威胁，便向天皇进言表示反对，结果天皇真的收回了成命，不许再建戒坛。赖豪听说后，怒道："皇子乃我费心尽力祈愿得来，如今天皇负我，吾今将其带至魔道去矣。"之后赖豪不吃不喝，绝食而死。而皇子不到四岁便也死去了。

　　传说，赖豪将自己关到密室中，不剪指甲，不修须发，不眠不休地焚香诅咒。他死后，化为八万四千只巨鼠，这些巨鼠有着铁一般的牙齿、石头般的身体，一路往比睿山去，将佛像、经典尽数啮破。

日本妖怪图鉴

《武勇见立十二支　子　赖豪》
歌川国芳

葛笼妖

　　葛笼妖是指藏身于葛笼中的有三只眼睛的妖怪。月冈芳年在《新形三十六怪撰》中诠释的葛笼妖伸着长长的脖子、吐着舌头，怒气冲冲地准备舔舐地上的老妪。画面描述了日本一个古老的传说。

　　相传，有一对老夫妇，老爷爷经常拿食物给前来玩耍的麻雀吃，老婆婆对此很不满。一天，老爷爷出门了，当麻雀来偷吃老婆婆准备用来浆衣服的糨糊时，被老婆婆剪掉了舌头，麻雀带着伤飞回了林中的家。老爷爷回来后听说了这件事，很担心麻雀，便到林中探望它。老爷爷受到了麻雀的盛情款待，在临走时，麻雀给老爷爷准备了礼物：一个大葛笼、一个小葛笼。老爷爷选择了小葛笼，并将它带回了家。回到家，老爷爷打开一看，原来箱

《新形三十六怪撰 葛笼妖》月冈芳年

里装满了金币。老婆婆见到后心生贪念，于是也到林中找到了麻雀。这一次，老婆婆选择了大葛笼。麻雀提醒她回到家之前不能打开葛笼，可是在半路，老婆婆抵御不住诱惑，打开了大葛笼。没想到里面出现的是妖怪、蜥蜴、青蛙、蛇等令人觉得恶心的东西，老婆婆立刻受惊而亡。

红叶狩

有一对夫妻因长年没有子嗣而伤心不已。一日，在一个高人的指点下，夫妻俩向第六天魔王祈祷，不久果然生下一个女孩，取名红叶。她从小受到悉心照料，出落得如花似玉，琴棋书画，无一不精，还嫁给了皇族源经基做侧室。

不久，源经基的正妻突患重病，家中也不时出现鬼影，而这一切都是红叶在作怪，于是，红叶被流放到了户隐。红叶到达户隐后集结一批对朝廷不满的原贵族，在乡里横行霸道、烧杀抢掠。消息传到京城，天皇命令平惟茂前去讨伐。

红叶虽然以第六天魔王的力量进行反抗，但手持降魔利剑的平惟茂却毫不在乎。于是，红叶只得匿身于六道之中。

日本妖怪图鉴

《新形三十六怪撰・平惟茂戸隠山除鬼図》

《美谈武者八景》 歌川国芳

日本妖怪图鉴

日本妖怪经典形象

川獭

　　川獭是江户时代日本石川县著名的妖怪。在日本古代传说中，獭和狐狸、狸猫一样都是有灵性的动物。不过川獭相对后两者来说法力差点劲儿。川獭总喜欢变成幼童跟人类搞恶作剧，比如偷渔民鱼篓里的鱼。不过川獭比较好被识破，当人们问它："你是谁？"川獭总会说："系我。"（有些大舌头）当再问之："你从哪儿来？"它又会老实地答道："河里。"是非常容易被人识破的妖怪。

　　川獭身形类似黄鼠狼，穿着肥大破旧的衣服，戴着大大的斗笠，打扮成人的模样。川獭善于变幻，它可以变成二十岁左右的年轻女子，或是穿格子衣服的小孩，并化成人形跑去偷鱼捣蛋。

　　有一则关于川獭的传说：有个人在河里打了满满一鱼篓的鱼，见天色渐晚，便打算回家。这时，他隐约听见岸边有若隐若现的呼唤："放生吧……"这人很害怕，便加快了脚步。可当他回到家时却发现鱼篓已经空了。大家一致认为这是川獭在搞恶作剧。直到后来，有人说在河上看到了类似女人的身影，才没有把这件事算到川獭头上。可见川獭爱戏弄人的形象已经深入人心了。

黑塚

　　黑塚，别名黑塚鬼女，又叫安达原鬼婆。黑塚是一种非常危险的妖怪，她在安达原的荒野中搭了一个茅屋，每逢有路人借宿，便会伺机杀死该路人并吃其肉，因此当地人都不敢靠近这个地区。她还喜欢偷窃尸体，肢解尸体，所以也被称为"解尸鬼"。

　　关于黑塚的来源传说很多。有一种传说，黑塚生前是个好色的老头儿，因为调戏良家妇女被村里人乱棍打死，死后因为怨念不灭，借尸还魂，成为厉鬼。还有一种差别较大的传说，在这个故事中，黑塚成为苦情角色。

　　据说，黑塚原本服侍公卿家庭，自己一手养大的小姐患了怪病，遍求名医而不得治，后来听到一种偏方，需要吞下孕妇的新鲜肝脏方可治愈。于是，这位奶妈便在一个野外岩洞住下，伺机猎取孕妇。终于有一天，有对夫妻经过，丈夫名叫伊驹之介，妻子叫恋衣。恋衣刚好怀孕，二人求宿。奶妈一看，机会来了，便找借口骗伊驹之介出去，动手剖开恋衣的腹部，取得了肝脏。岂料，当她看到恋衣带着的护身符才发现这是自己失散多年的女儿，顿时精神错乱，强烈的悲痛与悔恨让她化为妖怪。

鬼童丸

　　鬼童丸原本是居住在比睿山的孩子，由于行凶作恶而被驱逐，后来一个人居住在山洞里。源赖光在讨伐了酒吞童子后到其弟源赖信家造访，在厕所中抓到了鬼童丸，并将他用锁链绑缚住，可后来还是被他逃脱了。第二天，鬼童丸在市原野杀死了牛，然后埋伏在牛肚子里等待源赖光经过。但是源赖光已经注意到这一点，命渡边纲用箭射那头牛。鬼童丸于是从牛腹中一跃而出，向源赖光斩去，但仍被源赖光一刀毙命。

《武勇见立十二支　丑　鬼童丸》

歌川国芳

《袴垂保辅鬼童丸妖术较量图》

月冈芳年

袴垂保辅在洞窟中遇见鬼童
丸并以妖术交战。

葛叶狐

　　葛叶是鼎鼎大名的阴阳师安倍晴明的母亲，其真身为白狐，日本传说中记载了白狐葛叶化身美女与安倍保名相遇并生下安倍晴明的故事。

　　村上天皇时代，恶右卫门妻子病重，需要服用和泉国信太森林中生活的野狐的肝脏才能痊愈，恶右卫门于是派人猎狐。此时恰巧安倍保名在信太森林参拜，他为了救被猎人追捕的白狐而受伤。之后，白狐化名葛叶与安倍保名相恋，并产下了晴明。晴明五岁的时候，葛叶无意中显出原形，于是分别的时刻到来了，葛叶抛下哭泣的幼子回到森林中。临走前，她在纸拉门上写下"如果思念的话，就来寻找吧……和泉最深处信太森林，葛之叶……"保名回家看到纸拉门上的留言，带着晴明来到信太森林，想带回

妻籠 安倍保名
葛葉狐

《木曽街道六十九次之内　妻籠　安倍保名　葛叶狐》　歌川国芳

葛叶。葛叶却只是将一个装满黄金和水晶的宝箱交给保名，并说从此别过再不相见。数年后，晴明长大，专修天文道，用母亲的遗宝治好了天皇的病，被任命为皇家阴阳师。

《新形三十六怪撰　葛叶狐童子见真身图》　月冈芳年

　　月冈芳年的版本中则更为生动。夜晚的格子门里，小小的晴明拽着走向长廊的母亲华丽的衣角，母亲前探的上半身已经映在纸门里，头部的影子开始变为狐形。有了纸门的缓冲，这幅画变得柔和又神秘。

日
本
妖
怪
经
典
形
象

杀生石

　　杀生石是会喷出毒液攻击鸟类及昆虫，令动物无法近身的石头。传说杀生石为鸟羽天皇的宠姬玉藻前死后的怨念所化。玉藻前为白面金毛九尾狐变化而成的绝世美女，深受鸟羽天皇宠爱，她以魅术使天皇日渐憔悴以致卧床不起，后被诛杀。死后怨念化为杀生石。

姥姥火

　　在日本河内的平岗地区有个老太婆，每晚都会去偷神社油灯的油，她死后灵魂变成了磷火，常常在大雨的夜里四处飞舞，还伴随着尖锐的笑声，据说火球中隐约可见老婆婆幽怨的脸庞。如果夜间赶路时遇上姥姥火迎面向你飞来，一定要伏在地上，等到姥姥火飞过之后，听不到"笃笃"的声音后再起身，不然会发生不祥的事情。

日本妖怪经典形象

　　酒吞童子原本为越后寺中从侍的小和尚，因为其容貌过于俊秀而招来他人的嫉妒和陷害，遂令其逐渐产生恶念，这些恶念越积累越深，最终使他化为了身长六米、虎背熊腰、面部为红色、留着童子发型的妖怪。

　　化为妖怪的酒吞童子很快就在丹波国的大江山上纠集了一群恶鬼，不仅当上了他们的首领，还将"百鬼之王"的威名迅速传遍了日本。酒吞童子及其手下烧杀抢掠无恶不作，终于引起民愤，后被源赖光斩杀。传说酒吞童子喜欢化成英俊的少年勾引女性，因此其也被认为是最为帅气和俊俏的妖怪之一。

《大江山酒吞退治》 歌川芳艳

日本妖怪图鉴

110

三味长老

三味线是日本传统弦乐器，与中国的三弦相近，由细长的琴杆和方形的音箱两部分组成。传说三味长老是三味线附身在乐师身上化成的妖怪，其身体为人身，脸为三味线的方形音箱形状，出现时通常是一副读书的模样。

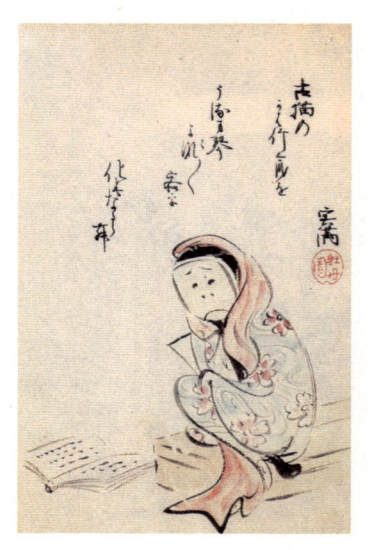

琴古主

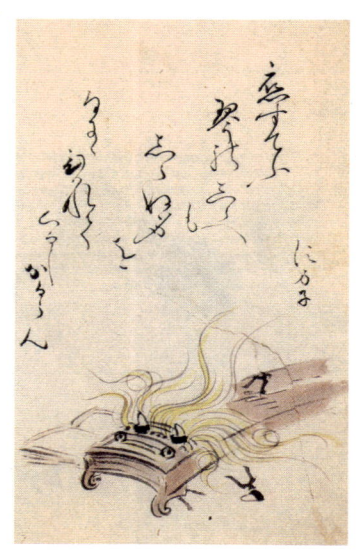

据说八桥流的盲人琴师技艺高超，弹出的乐曲十分动听。后来这把琴化成了妖怪，就是琴古主。它身上的琴弦像舞动的龙须，琴额上的两个大眼睛闪闪发光。琴古主常在深夜翻阅琴谱，弹奏乐曲，琴声或激愤或幽怨，如泣如诉，令听到的人毛骨悚然。

蓑草鞋

蓑草鞋是蓑衣和草鞋化成的妖怪。图中的妖怪披着蓑衣，两脚是一对草鞋，肩上扛着锄头，从远处看就像刚刚耕地归来的农民一样。

高 女

高女因相貌丑陋、嫉妒心强，生前一直嫁不出去，死后怨念化成妖。高女下半身特别长，专门在妓院二楼偷窥和游荡，还能引发火灾。

清玄

僧人清玄和相承院少年白菊丸相恋，但这份同性之恋显然不容于世，于是两人选了一个香盒作为爱的信物，白菊丸拿着刻有清玄名字的盒盖，清玄则拿着刻有白菊丸名字的盒身，相约跳海殉情。

白菊丸先投海而死，清玄却因看到海中的波涛而恐惧退缩了，他一路逃回寺院，背叛了"生未同衾，死亦同穴"的誓言。日后清玄苦心修行，成了清水长谷寺的住持。

十七年后的樱花盛开时节，身份显赫的武士吉田家的女儿樱姬一行人来到清玄的寺院参拜。参拜过后，樱姬表示自己要留在寺院做一名尼姑。原来，樱姬从出生开始便有残疾：左手无法打开，再加上父亲和弟弟前段时间被闯入家中的盗贼杀害，传家宝

《木曽街道六十九次之内　安中　清玄》　歌川国芳

　　画中的清玄对着不动明王修行，心中想着的却是樱姬。国芳用透明的樱姬，描摹出了这份想象。

也被盗，所以她愿意留在寺中为死去的家人祈福。对于樱姬这一请求，清玄犹豫不决。接下来清玄为樱姬诵经时，她的左手突然打开了，手中掉出了刻有清玄名字的盒盖，那是十七年前白菊丸跳海时拿着的东西。清玄吃惊地意识到樱姬竟然就是白菊丸的转世，便同意了樱姬留在寺中修行的请求。

有一天，盗贼权助不小心闯入樱姬修行的草庵，樱姬发现权助手腕上竟然有着和自己相同的刺青。原来，樱姬曾被一男子侵犯，还悄悄地生下了他的孩子。不可思议的是，樱姬始终无法忘记那个男子，便在自己身上刻了一个与男子同款的刺青。再次见到日思夜想的人的樱姬很快委身于权助，与此同时，寺中开始有了流言蜚语，说和樱姬有私情的是住持清玄。被冤枉的清玄，因为相信樱姬是白菊丸的转世，甘心背负不义的罪名，两人在稻濑川受到百杖的刑罚。同时，和尚残月也因为和樱姬的家臣长浦的不正当行为被发现而被赶出寺院。

清玄向白菊丸转世的樱姬提出结为夫妻的要求，被心中只有权助的樱姬拒绝了。樱姬沦落风尘，并成了名妓"风铃姬"。可是清玄却一直没有放弃对樱姬的爱，他甚至找到了樱姬的孩子并亲自照顾，认为这样就可以时常见到樱姬了。同时，清玄也一直照顾着被逐出寺院的和尚残月。

分别的日子越久，思念之情便越浓。一天，清玄从怀中取出装有香盒的袋子紧紧抱住，仿佛抱着的是心爱的樱姬，或是曾经的恋人白菊丸，他自己也分不清了。这一幕恰巧被和尚残月和长浦看到了，两人以为清玄的袋子里装着金钱而心生恶念，打算杀

日本妖怪图鉴

《新形三十六怪撰　清玄之灵　恋慕樱姬之图》　月冈芳年

死清玄夺走它。他们把青蜥蜴煎了强行灌入清玄口中。喝下毒药的清玄，脸马上变成了紫色。残月勒住清玄的脖子，抢走袋子。可当他打开袋子一看，大失所望，里面只有一个毫不值钱的香盒。残月请恰好来到的权助埋尸体，却和樱姬意外相遇。就在权助挖好坑打算埋掉清玄时，清玄却醒了，见到日思夜想的樱姬，便给她讲起了香盒的故事。情之所动之时，清玄抱住了樱姬。樱姬被这突如其来的拥抱吓了一跳，立刻推开清玄，纠缠中，清玄掉入坑中被刀刺穿脖颈而亡。

死去的清玄变成了幽灵，仍旧对樱姬念念不忘。他告诉樱姬，权助就是杀害她父亲和兄弟、抢走传家宝的元凶。樱姬终于醒悟过来，她怀着万分悲痛的心情亲手杀了权助及有着权助血脉的亲生儿子，夺回了传家宝，再度复兴了吉田家。

海座头

　　座头是日本对盲僧的称呼，传说中海座头是在海上出现的背着琵琶的盲僧人，他体型巨大，可以浮在海面上行走。如果出海的渔夫在大雾中迷失方向，有时候前面的雾里就会映出人影，仔细一看，原来是个背着琵琶的琴师。当渔夫在他的指引下安全抵达岸边的时候，琴师依然站在海上远远相望。海座头是妖怪中的善类。

野寺坊

　　野寺坊是在废弃的寺庙中出没的妖怪。传说，有一座寺庙门庭冷落，村人从来不去寺庙中布施，住持因此郁愤而死，死后的怨念让他化为妖怪，每日傍晚出现在破庙中，独自撞钟。如果有人寄宿这座寺庙，野寺坊就会出来咬断这个人的喉咙。

震震

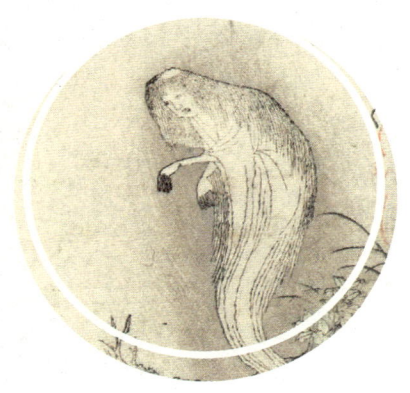

　　震震，震动的样子。其出现时常带有怨恨的表情，而且由于寒冷而哆哆嗦嗦，"震震"之名由此而来。人们认为它是一种"臆病神"。画中，一个浑身雪白、近乎透明的女子半浮在空中，长发呈碎波浪状，画师以此来表现震震哆哆嗦嗦的感觉。其细长的手向前伸出，好像要抚摸人的后背似的。其下半身无足，像幽灵一般。"震震"常常出现在墓地等令人不寒而栗的地方，当人们感到恐惧的时候，如果"震震"用冰冷的手指抚摸人的脖子或后背，会把人吓得半死。

绘卷·妖怪的竞演

日本的妖怪画卷，既有江户时代流行的百鬼夜行，也有地方流传的妖怪画卷，实在是五花八门。江户时代木版印刷的发展产生了五彩缤纷的浮世绘，这些浮世绘中有不少是描绘妖怪的。

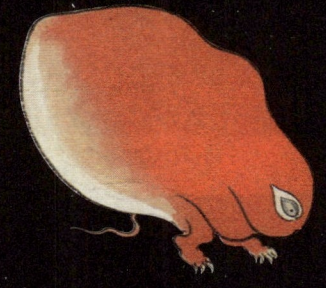

《百鬼夜行绘卷》真珠庵本

　　现存的《百鬼夜行绘卷》中，最古老、影响最深远的是藏于日本京都市大德寺真珠庵的、传为室町时代土佐光信所绘的《百鬼夜行绘卷》，其被日本认定为日本国家级重要文化遗产。

真珠庵版的《百鬼夜行绘卷》以生动传神的笔触描摹了妖怪们的游行，充满了平民生活的意境，对后世的妖怪画产生了很大的影响，后来的许多妖怪绘师都沿袭了此种画风。

百鬼夜行多是付丧神的传说——器物经百年，得化为精灵，人们称之为付丧神——这些器物可以是锅、琵琶、镜子、花盆、伞、布、灯笼等。

绘卷·妖怪的竞演

绘卷中主要以器物化成的妖怪为主，形态各异、生动传神：拖着琴怪行走的琵琶怪、豪猪造型的浅沓怪（浅沓为出入朝堂的贵族所穿的鞋）、穿着木屐的破伞怪、骑着蜥蜴的草履怪、扛着锡杖的笙怪、长着白胡子的绀布怪、穿着鲜亮粉色上衣的犀牛怪、正在染黑齿的丑女、穿着樱色和服奔跑的狐妖、正在读经的青衣猫怪……

129

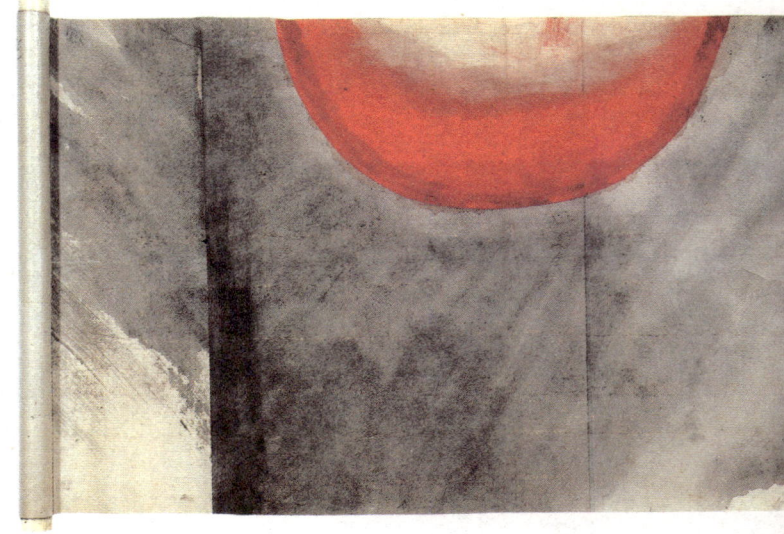

当早晨的第一缕阳光照射到大地上时，妖魔鬼怪都消失得无影无踪。

《百鬼夜行绘卷》东京大学图书馆藏本

江户时代描绘百鬼夜行场景的画卷很多，并且大多沿袭了真珠庵本的风格。下图为东京大学图书馆藏本《百鬼夜行绘卷》。

　　该藏本中妖怪的形象得到了保留，但登场的妖怪顺序发生了变化，还在其中加入了很多新的妖怪，使百鬼夜行的队伍变得更加壮观。

日
本
妖
怪
图
鉴

136

　　妖怪们嚣张跋扈地进行着夜游，日出之时便是它们的退场之刻。

泷夜叉姬

　　泷夜叉姬，原名五月姬，传说她是平将门的女儿，会妖术。天庆之乱，平将门战死，族人尽亡。残存的五月姬心怀怨恨，前

《相马之古内裏　泷夜叉姬与大骷髅》　歌川国芳

日本妖怪图鉴

往鞍马贵船神社祈愿，获得妖术。五月姬改名为泷夜叉姬返回下总国，在相马城集合夜叉丸、蜘蛛丸等手下掀起推翻朝廷的反乱。大宅太郎光国追查平将门余党，在岛原遇到化身游女的泷夜叉姬，于是双方展开妖术对战。激斗之后，泷夜叉姬身亡。图中描绘的正是泷夜叉姬操纵巨大骸骨与大宅太郎光国对战的画面。

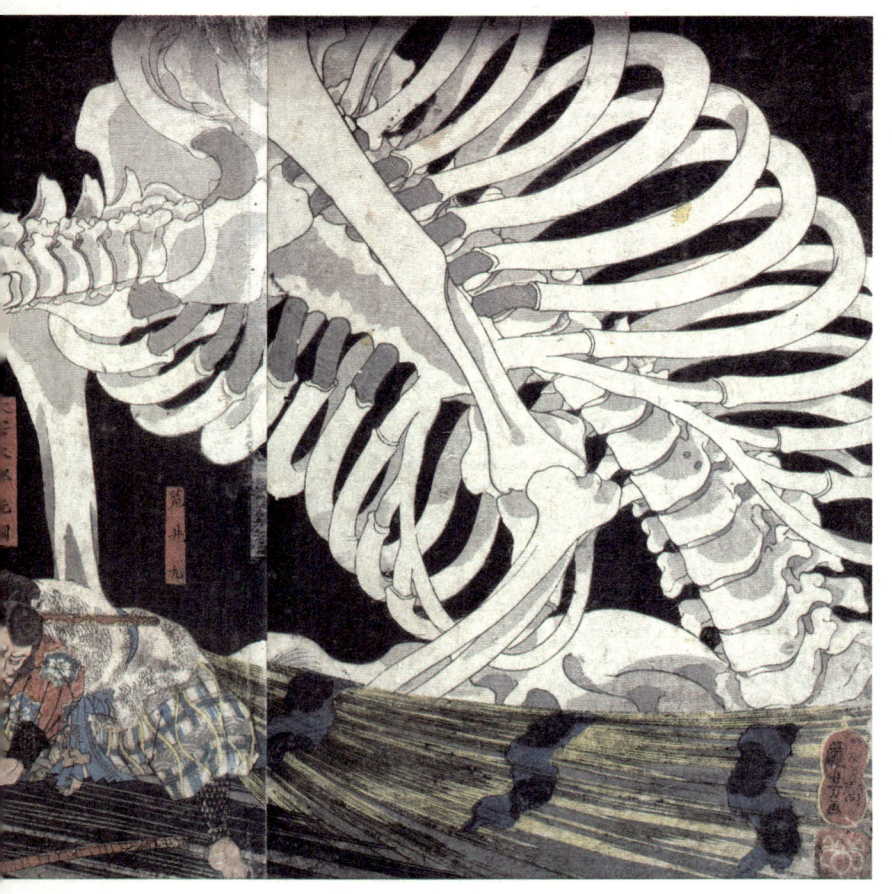

玉取姬

　　玉取姬是一名美丽善良的海女，她得知从大唐请回的宝玉被龙王所盗后，便自告奋勇潜往龙宫，盗出了宝玉，却遭到龙宫倾

《龙宫玉取姬之图》　歌川国芳

巢而出的追击。为了逃避龙王及其属下的追杀，玉取姬划开自己的乳房，把宝玉藏于乳中，并利用自己的鲜血驱散追兵。当她逃到岸上，却因伤势过重而亡。此图的画面动态和紧张感十足：滔天波浪中，巨大的龙身横亘画面，龙头占据视觉焦点，龙宫的虾兵蟹将点缀其间；而海女则一手护宝玉，一手持刀与之搏斗。

小幡小平次

　　小幡小平次是日本的一个三流歌舞伎演员，他皮肤苍白、眼窝深陷、头发杂乱，很像歌舞伎舞台上的幽灵角色，剧院的老板为了节省化装费便邀请他饰演剧中的幽灵。令人意想不到的是，小幡小平次通过研究停在太平间的死人的面部表情，竟然在扮演过程中渐渐掌握了表演技巧并由此声名远播。可是小平次之妻阿冢厌烦了脑袋不灵光的丈夫，而与安达左九郎私通。

　　安达左九郎借约小平次钓鱼之机，将小平次推入水中杀害，而小平次则化作真的幽灵回来索命，每晚都出现在妻子和奸夫的床头。因为小平次生前就一直深入演绎幽灵一角，出现在床头的小平次，已令人分不出是小平次的幽灵还是演绎幽灵入戏的小平次了，妻子和奸夫最终疯狂而死。

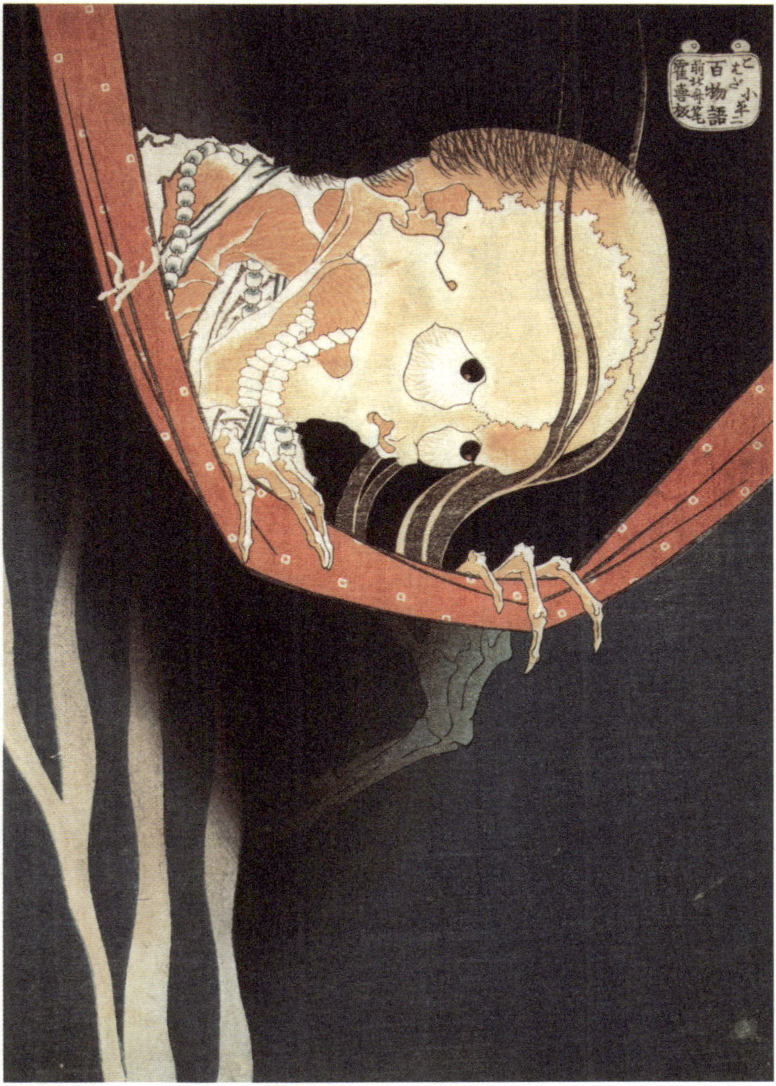

《百物语　小幡小平次》　葛饰北斋

　　葛饰北斋的小平次被表现为骷髅的模样，身旁有灵异的鬼火，而他正拉开帐幔，窥视熟睡中的妻子和奸夫。

143

《小幡小平次之灵》　歌川国贞

　　小平次的亡灵从天而降，妻子的奸夫安达左九郎挥刀砍去。

安達左九郎

小平次女房おつか

立 國丸

稻生物怪录

稻生平太郎因平生没
见过鬼怪而遗憾不已，一
天在友人的邀请下决定上
山试试胆量。然而他的这
一大胆行为触怒了魔王，
导致妖怪连续三十日出没
于平太郎的家中，例如全
身毛的单眼怪、巨大的老
婆婆头颅、从天而降的葫
芦等，平太郎勇敢地将它
们一一击退。就在第三十

《稻生物怪录绘卷》

天，突然有一个男人出现在平太郎面前，他自称是魔物的头领，
名叫山本五郎左卫门。至今他已经挑战过无数勇敢的少年，直到
今天才第一次碰到真正有胆量的人。"没想到这次却被你打败了
啊！"五郎左卫门边这么说，边拿出一把小槌送给平太郎，并告诉
平太郎未来当他有难时，就将这把小槌拿出来敲，自己便会立即
出现，说完便带着妖怪们回魔界去了。

日本妖怪图鉴

《稻生物怪录绘卷》

一个巨大的人头从天花板上掉下来。

《稻生物怪录绘卷》

和汉百物语

　　月冈芳年采集中国、日本神鬼故事，绘制了《和汉百物语》，成为日本浮世绘鬼怪画的一大杰作。这套画作由 25 张图组成，描绘了自古流传下来的各种各样的妖怪，作家假名垣鲁文等人为这套画添加了文字介绍。

《贞信公》

    "贞信公"乃平安时代藤原忠平的谥号，作为日本史上有名的政治家，他留下不少驱鬼捉妖的传奇故事，此图便是之一。

《楠多门九正行》

　　楠木正行为大将军楠木正成的嫡长子。一天夜里，楠木正行的庭院中突然出现一个身背袋子、手持灯笼、女性模样的貉妖。楠木正行拔刀砍向貉妖，貉妖的表情看起来十分惊慌，加上貉妖搞怪的服饰装扮，使整幅画看起来十分滑稽。

《贪婪的老太婆》

　　巨大的葛笼里钻出了许多骇人的妖怪，老太婆被吓得跪倒在地。
此图描绘了日本著名传说"舌切雀"的故事。

绘卷·妖怪的竞演

《大宅太郎光国》

　　图中描绘的是泷夜叉姬操纵的骸骨与大宅太郎光国对战的场面。大宅太郎光国为源赖信家臣，受源赖信之托追查平将门余党。

《白藤源太》

　　白藤源太是传说中的相扑手，遇到了河童前来挑战，最后还是白藤源太力气更大，将河童摔死了。

《酒吞童子》

　　酒吞童子在丹波国纠集了一群恶鬼，当上了他们的首领。他们烧杀抢掠，无恶不作，终于引起民愤，后被源赖光斩杀。

《不破伴作》

　　三位以勇敢著称的勇士不破伴作、名古屋山三郎、高木午之助听闻一座古寺中常有鬼怪出现，便相约到古寺一探究竟。不久，寺中果然出现一只浑身漆黑的妖怪，它趴在不破伴作的伞上，对他张开了黑色大口。不破伴作却丝毫没有害怕，反而怒目而视。

《伊贺局》

日本妖怪图鉴

伊贺局为日本镰仓时代后期的宫中女官。她虽为女性，却十分勇敢。一天夜晚，她在院中遇到了藤原仲成亡灵幻化的鸦天狗，并与其约定会为其祈祷冥福。图中的伊贺局见到鸦天狗时毫不畏惧，她手持团扇，一副气定神闲的模样。

《入云龙公孙胜》

　　公孙胜是《水浒传》中的人物，绰号入云龙，道号一清，在梁山中担任掌管机密军师。传说，公孙胜有呼风唤雨、兴云起雾的能力，还能召唤龙出水面。画中，蛟龙于暴风雨中出现，一时水花四溅。

日本妖怪图鉴

《宫本无三四》

　　宫本武藏为日本战国末期至江户时代初期的剑术家、兵法家，因与著名剑客佐佐木小次郎决战而一举成名。传说，宫本武藏与修验道行者较量，并将其砍倒，修验者化为天狗欲飞走，宫本武藏一剑将其翅膀砍掉，空中留下了一道鲜血铸成的弧线。

160

《仁木弹正直则》

　　仁木弹正是日本歌舞伎中出现的人物。作为反面人物的仁木弹正化为老鼠欲取回图谋推翻主君的联名信，却被幼主鹤千代的守卫的铁扇击中，现出原形。图中描绘了仁木弹正化为老鼠和现出原形的两种姿态。

《小田春永》

　　在妙国寺内有棵凤尾蕉（俗称铁树），因年代久远而闻名。日本战国时代武将织田信长将这棵铁树强行移植到了安土城。此后，这棵铁树每晚都会呼喊着"回妙国寺吧……回妙国寺吧"，十分诡异。此图便取材于这个故事。图中描绘了小田春永（原型为织田信长）和侍童森兰丸提着灯笼前去查看铁树的场景。

《雷震》

　　雷震子是中国神话小说《封神演义》中的人物，身长二丈，武力强大，肋下生"风雷"翅，使用一条黄金棍，是文王姬昌的第一百个儿子。据画中的文字解说，武王伐纣时，姜子牙派雷震子前去击退殷商的"千里眼"高明、"顺风耳"高觉。图中正描绘了打斗的场景。

《鹭池平九郎》

　　鹭池平九郎是楠木正行的家臣。传说，平九郎十分勇猛，曾独自一人打死一条蟒蛇。此图正取材于这个故事。平九郎坐在池边钓鱼，一条蟒蛇在水下悄然出现，而平九郎却全然不知，只顾着看头上的紫阳花。

日
本
妖
怪
图
鉴

《左马之助光年》

　　左马之助光年是织田信长手下将领明治光秀的重臣。他年轻的时候，曾经欺骗了一个狐妖。于是，狐妖化为鬼火前来复仇。图中描绘的正是这一场面。光年目光坚定地望着远处的鬼火，毫无惧色。

《下部笔助》

　　笔助是日本歌舞伎中的人物。瘸腿的胜五郎的妻子初花为人所害，死后化为怨灵出现在瀑布之中，祈祷丈夫痊愈后为她复仇。笔助为胜五郎兄长的下人，最终和胜五郎一起杀死了敌人，初花的大仇也终于得报。"下部"在日语中为仆人之意。

《田原藤太秀乡》

　　藤太秀乡为平安中期下野的豪族，以勇猛著称。他受赖田川的龙宫公主所托去消灭居住在山上的蜈蚣精。图中正描绘了藤太秀乡和蜈蚣精打斗的场面。

167

《将武》

　　图中描绘了唐代人将武
帮助巨象攻打蟒蛇的场面。

《主马介卜部季武》

　　图中描绘了源赖光家臣
卜部季武路遇姑获鸟的故事。

《小野川喜三郎》

　　图中描绘了日本著名相
扑力士小野川深夜遇狸猫化
作的飞头蛮的场面。

《登喜大四郎》

　　图中描绘了登喜大四郎
与仁王在古寺内进行相扑比
赛的场面。

《清姬》

　　图中描绘了清姬刚渡过日高川时的模样。

《渡边源治纲》

　　图中描绘了源赖光家臣渡边纲与罗城门鬼搏斗的场面。

《真柴大领久吉公》

　　久吉公指的是日本战国时代著名人物丰臣秀吉。

《源赖光朝臣》

　　本篇取材于日本广为流传的源赖光灭土蜘蛛的故事。

源赖政退鵺

《近卫院皇宫中怪鸟出现》　歌川国芳

平安时代末期，每晚丑时三刻，鵺都会出没于近卫天皇的御所清凉殿，天皇苦恼不已，便命擅长弓箭的源赖政充当驱魔者。这天夜里，天降黑云且中有异动，源赖政以山鸟的尾巴制作成尖锐的箭，成功将鵺射杀。

《源三位赖政鵺退治之图》　歌川国芳

　　鵺拥有猿猴的相貌、狸的身体、老虎的四肢以及蛇的尾巴，没有翅膀却能飞翔。据说鵺会判断人的善恶，被它认为是"善"的人会得到保护，但如果不幸被判断为"恶"，会被其杀掉。

日本妖怪图鉴

絵卷・妖怪的竞演

"源平合战"之怨灵

平安时代末期，贵族间充满了权力的冲突与矛盾，最终都诉诸武力解决。其中最具代表性的便是源氏和平氏两大武士家族集

174

《新容六怪撰》　月冈芳年

团争夺权力的战争，史称"源平合战"，于是各种鬼怪传说便围绕这些素材而展开。

平清盛为平家领导人物，家中却时常出现不可思议的现象。这天，庭院中的积雪表面出现了无数的骷髅头，平清盛手持武器，怒目而视，帘后的婢女都吓倒在地。

恶源太义平是源氏武将，在"源平合战"中刺杀平清盛失败后被难波次郎所杀。恶源太义平死前曾说过会化作雷电劈死难波次郎，后难波次郎果然被雷劈死。在火中出现的正是恶源太义平的怨灵，他对着难波次郎放出雷电，将其击倒在地。

《清盛入道布引瀑布游览恶源太义平灵讨难波次郎》　歌川国芳

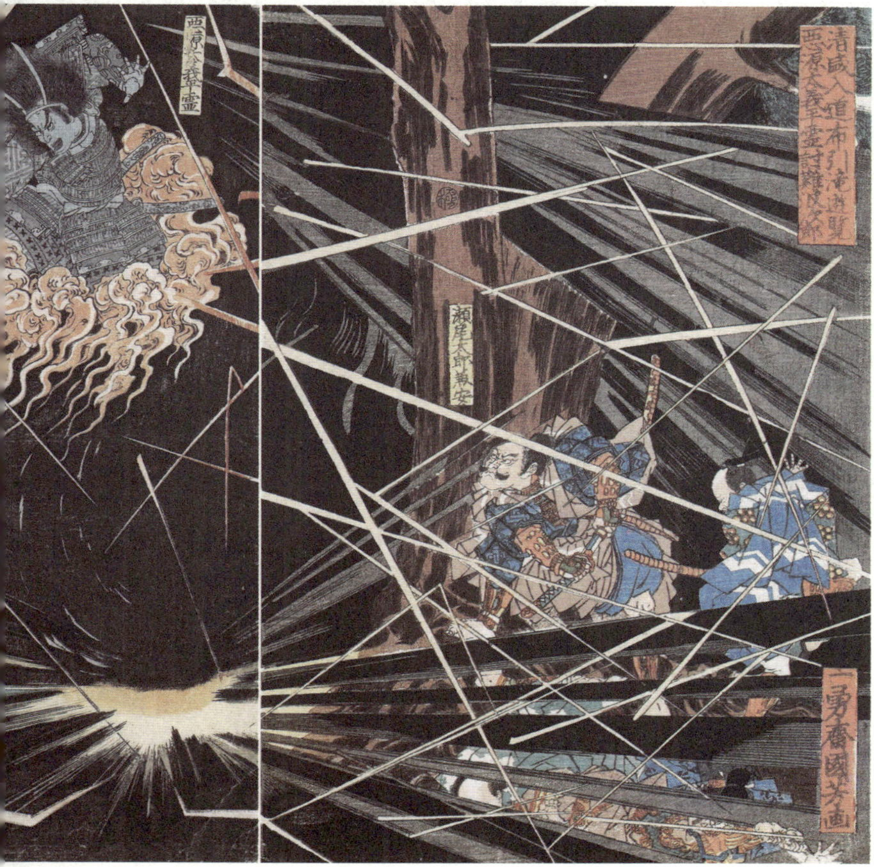
清盛入道布引滝遊覧
悪源太義平霊討難波次郎
瀬尾太郎兼安
一勇斎國芳画

平清盛在养和元年（1181 年）二月因染热病而亡，享年六十四岁。此图描绘了平清盛死前受地狱景象和鬼魂的困扰，表情狰狞，看起来十分痛苦。

日
本
妖
怪
图
鉴

《平清盛热病之图》　月冈芳年

平清盛死后几年中，源氏和平氏双方接连发生屋岛之战和坛之浦之战，平家军彻底失败。坛之浦之战中，平氏战败，平氏大将陆续投海自尽。最后，平清盛之妻平时子（二位尼御前）怀抱

《文治元年平家一门亡海中落入图》　月冈芳年

年仅八岁的安德天皇投海自尽，坛之浦之战结束，平氏覆亡。图中的平知盛跳入水中，海底的平家蟹在静静地等待着。平家蟹为平氏武士之亡灵所化，因而被称为"平家蟹"。

源赖光与土蜘蛛

　　源赖光为日本平安时代的大将，传说中多次与麾下"四大天王"一起斩杀妖怪，其中以斩杀土蜘蛛最为著名。

《源赖光公馆土蜘蛛作妖怪图》　　歌川国芳

四大天王边下棋边守护着生病的源赖光，土蜘蛛突然出现，它拿出丝网欲困住源赖光。

生首六藏

生首六藏是评书《天保水浒传》中的侠客。他喜欢捕鱼，每晚都会到河边捕鱼。一天，他在河边捕鱼收网的时候，发现渔网中的不是鱼，而是一颗血淋淋的人头。六藏以大胆著称，人头并没有使他害怕。他将人头扔掉，继续捕鱼，可捕上来的仍是人头。如此反复三次后，他放弃了捕鱼。

日本妖怪图鉴

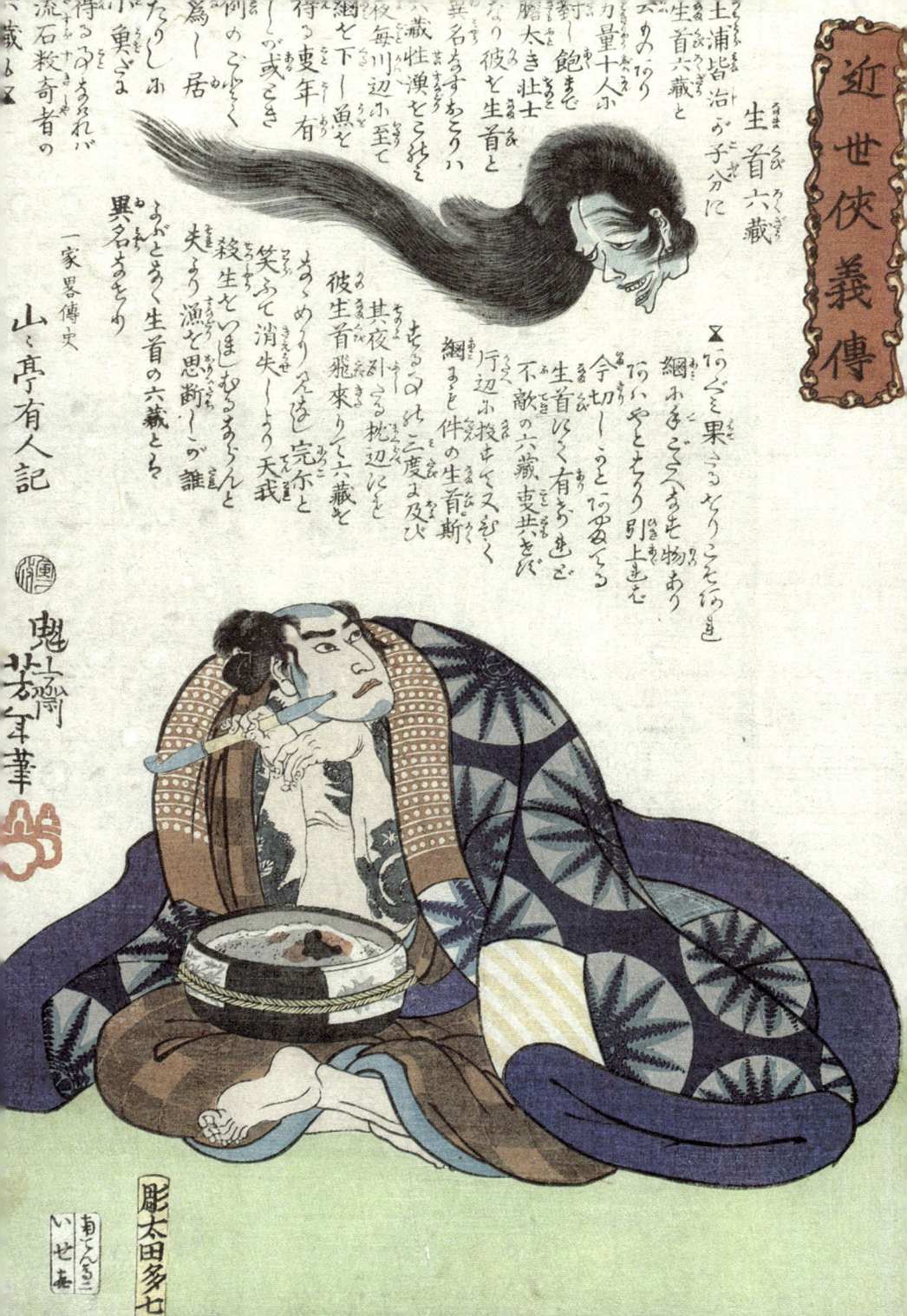

近世侠義傳

生首六藏

山々亭有人記

一家異傳史

一魁齋芳年筆

彫太田多七

桃太郎撒豆驱鬼

日本妖怪图鉴

186

《桃太郎撒豆驱鬼之图》　月冈芳年

桃太郎是日本民间故事中的驱鬼英雄，他从桃子里诞生，用糯米团子收容了小白狗、小猴子和雉鸡后，一起前往鬼岛为民除害。图中正描绘了桃太郎撒豆驱鬼的场面。

不动明王

　　不动明王为佛教密宗八大明王首座，具有在遇到任何困难的时候，均能扫除障难，并不为动摇之意。不动明王通身呈青黑色，发垂披肩，总是一脸愤怒的表情，可使侵扰众生之邪魔畏惧远离。

《祐天吞不动长剑之图》　月冈芳年

僧侣祐天记性很差，于是他便前往新胜寺修行，希望自己能变得聪明睿智。在他修行期满的前一晚，不动明王在他梦中出现，并逼迫他，若想变得聪明的话，必须在长剑或短剑中选一吞下。祐天吞下了长剑。之后，祐天的记忆力变得十分好，跟之前相比简直判若两人。图中的不动明王手持长剑，逼迫祐天吞下，左右两边的是他的两位胁侍童子。

妖怪出嫁

　　《妖怪出嫁绘卷》绘于江户时代末期，绘卷完整展现了妖怪从相亲、出嫁到生子的过程，十分生动有趣。妖怪的形象憨态可掬，个个表情丰富，看起来可爱又可笑。

妖怪相亲图

彩礼相赠图

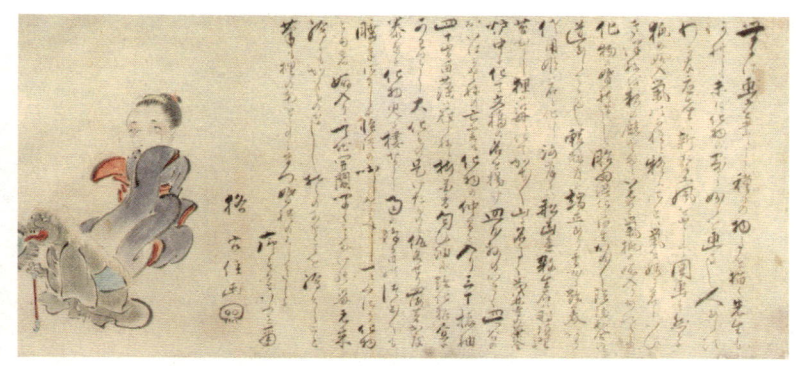

《妖怪出嫁绘卷》　盘礴居

媒人说亲图

嫁妆运送图

嫁衣缝制图

婚礼行列图

婚前梳头图

婚礼仪式图

婚礼祝膳图

孩童出生图

产子庆祝图

日出逃散图

新形三十六怪撰

　　《新形三十六怪撰》是月冈芳年晚年画的妖怪系列图画，可以说是他的妖怪画代表作，包括《二十四孝狐火之图》《三井寺赖豪阿阇梨恶念变鼠图》等 35 幅图，描绘的多为日本怪谈中人们所熟知的妖怪。

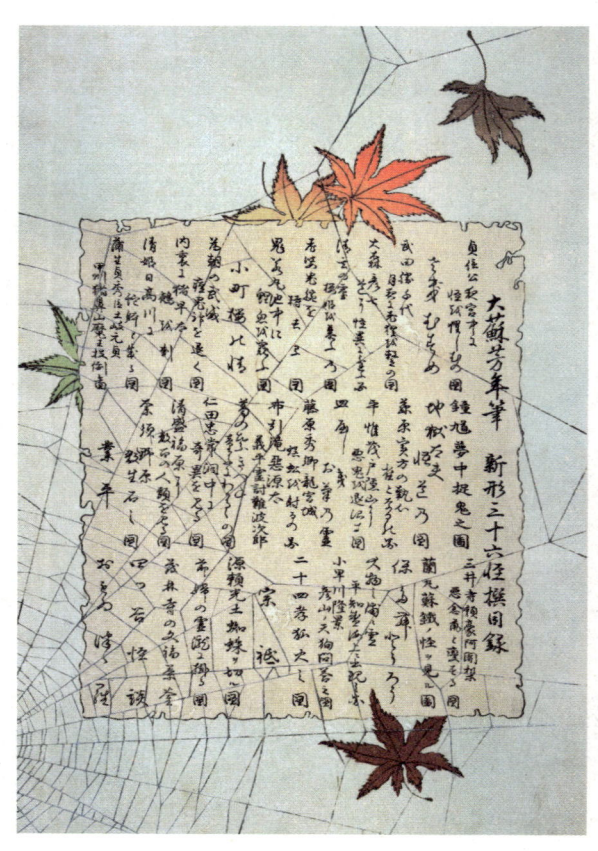

《贞信公深夜宫中慑鬼之图》

　　此图与《和汉百物语　贞信公》为同一题材作品，描绘的都为贞信公藤原忠平遇鬼的故事。此图中的鬼体格巨大，头长两角，面目可怖。但藤原忠平却毫不畏惧，怒目斜视。

《鹭娘》

　　《鹭娘》原为日本歌舞伎舞蹈剧目。剧中的白鹭精化作人形，为爱情所困，最终下地狱受尽了苦楚。本图以此为素材，图中的少女身穿洁白的新娘礼服，手持蛇目伞置身于雪地之中，身旁围绕着三只白鹭。

《小早川隆景与彦山天狗问答之图》

小早川隆景为日本战国时代名将。一日，他受丰臣秀吉之命到山上伐木，遭到天狗化作的僧人的声讨。小早川隆景据理力争，条理清晰地将天狗驳倒，天狗只得离开了。图中红衣僧人为天狗所化，小早川隆景则在明暗交替的阴影中出现。

撰怪六十三形新

布引滝悪源太
義平霊討難波次郎

《恶源太义平之灵》

日本妖怪图鉴

　　此图与歌川国芳的《清盛入道布引瀑布游览恶源太义平灵讨难波次郎》为同一题材作品。恶源太义平在"源平合战"中被难波次郎所杀，后恶源太义平化作雷电劈死难波次郎。

204

《地狱太夫悟道之图》

　　地狱太夫是著名的妓女，不但美貌无双，且能诗善文，后被大师一休收为弟子。

《大森彦七　路逢怪异之图》

　　大森彦七为日本南北朝时期北朝武士。一日，他前去参加聚会的途中遇到一迷路女子，大森彦七为她带路，并在途中背着女子前行。不想，女子竟变成恶鬼袭击大森彦七，但最终被大森彦七打败逃走了。原来，女子为楠木正成的怨灵所化。

日本妖怪图鉴

206

《大物之浦显灵　平知盛海上现身图》

　　"源平合战"后，平氏家族被灭。源义经乘船去往大物浦的途中，遇到以平知盛为代表的平家怨灵的阻挡。平知盛的怨灵在海上出现，掀起巨大的风浪。

207

《二十四孝狐火之图》

此图与歌川国芳的《木曾街道六十九次之内 下诹访 八重垣姬》为同一题材作品，主人公八重垣姬得知父亲欲杀自己的未婚夫，便借助狐火之力顺利渡过结冰的诹访湖，前去向未婚夫告急。

208

《鬼若九池中窥鲤图》

　　鬼若丸是武藏坊弁庆的幼名。据说他生下来便相貌凶恶，被称作"鬼若丸"。图中的鬼若丸手持短刀，在岩石上方窥视水中的大鲤鱼，准备伺机而动。

新形三十六怪撰

節婦の霊
瀧に掛る図

《节妇之灵瀑行图》

　　此图与《和汉百物语 下部笔助》为同一题材作品。题中的"节妇"指的便是初花。初花死后化作亡灵，依然在瀑布中为丈夫胜五郎祈祷，愿他腿疾痊愈。最后初花心愿得成。

《兰九见苏铁之怪图》

　　织田信长将妙国寺内的苏铁（铁树）强行移植到了安土城，此后便每晚发生怪异之事。本图与《和汉百物语 小田春永》为同一题材的作品，不同的是，《和汉百物语 小田春永》中是小田春永和侍童森兰丸一起前去查看铁树，而本图为森兰丸一人去查看铁树。

日
本
妖
怪
图
鉴

《入夜汲水时，冰封未能得，今宵之明月，只应天上有。——宗祇》

　　饭尾宗祇为日本室町时代诗人，年轻时当过僧人，三十多
岁时成为专业的连歌诗人，是日本公认的最伟大的连歌师。传
说，宗祇听闻某处房屋闹鬼，便好奇地前去投宿。夜晚时，一
幽灵出现，还吟诵着连歌的下半段，宗祇即刻接出了连歌的上
半段，于是幽灵便羞愧着消失了。本图描绘了这一场景。

212

《钟馗梦中捉鬼之图》

钟馗是中国民间传说中的驱鬼之神。一天，唐玄宗患病，梦见一大一小两个鬼。小鬼顽皮，偷了杨贵妃的香囊和皇帝的玉笛，绕着大殿奔跑。一个大鬼在后面追赶那个小鬼，将小鬼打跑了。唐玄宗问大鬼是什么人。大鬼自称钟馗，要为陛下铲除天底下的所有妖孽。唐玄宗醒来，发现自己居然痊愈了。于是他命人画出了梦中钟馗的模样。

213

《蒲生貞秀臣土岐元貞甲州猪鼻山魔王投倒図》

变成阿弥陀如来和仁王的妖怪与武士土岐元贞挑战相扑。

日本妖怪图鉴

214

《皿屋敷阿菊之灵》

　　阿菊因打碎了主人家里的盘子被切掉手指，不堪受辱的她跳井自尽了。此后，井中每晚都会传出数盘子的声音。葛饰北斋的《百物语 阿菊》中，阿菊的形象为脖子上缠着盘子从井中飞出的幽灵。而本图的阿菊，则为在井边哭泣的女子的模样。

《奈须野原杀生石之图》

　　本图取材于杀生石的传说。杀生石为鸟羽天皇的宠姬玉藻前死后的怨念所化，会喷出毒液攻击鸟类及昆虫，令动物无法近身。图中，玉藻前的亡灵在杀生石边，天空中的大雁飞过，被毒气所噬，纷纷下落。

《猪早太皇宫刺鵺图》

《新形三十六怪撰》

内裏ニ猪早太
鵺試刺
圖

　　猪早太是源赖政的随从。歌川国芳的《近卫院皇宫中怪鸟
出现》《源三位赖政鵺退治之图》描绘了源赖政于近卫天皇御
所清凉殿射杀鵺的故事。本图中描绘了鵺被源赖政射下后，猪
早太持刀刺死鵺的场景。

《仁田忠常洞中见奇异之图》

　　仁田忠常是镰仓初期的武将，他奉命到富士山寻找火山熔岩洞，却在洞中遇见了富士山神。图中，仁田忠常手持火把在洞中前进，旁边全是飞行的蝙蝠，可见洞的幽深可怖。

《四谷怪谈》

　　《四谷怪谈》与《皿屋敷》《牡丹灯笼》并称为日本三大怪谈，讲述了主人公阿岩被丈夫毒害，阿岩化作亡灵前来报仇的故事。图中，阿岩与其婴孩正躺在垫子上休息，一条带子却化作蛇的模样来到她面前，这也预示着接下来将有不好的事发生。

《藤原秀乡龙宫城检射蜈蚣之图》

日本妖怪图鉴

藤原秀乡就是田原藤太秀乡。本图与《和汉百物语　田原藤太秀乡》描绘的是同一题材，即秀乡击退大蜈蚣的传说。图中，秀乡受龙王设宴邀请，一个大蜈蚣突然出现，秀乡拿起弓箭，射向大蜈蚣。

《秋风乍起时，愁思无边惆怅怀，叹息声连连。昔日小野美人颜，而今芒草生。——业平》

　　在原业平是天皇家的嫡系子孙，他的父亲是平城天皇的第一皇子阿保亲王。业平才华横溢，风流倜傥，居"六歌仙"之首。一日，庭前传来连歌的上阕："秋风乍起时，愁思无边惆怅怀，叹息声连连。"第二天一早，业平发现了一个长满枯草的骷髅在庭院中滚动，原来这是小野小町的骷髅。业平甚是惋惜，接出连歌下阕："昔日小野美人颜，而今芒草生。"

《小町樱之灵》

日本妖怪图鉴

小野小町是日本平安初期的女诗人，与在原业平一起被列为平安时代初期"六歌仙"之一。

在逢坂山关口，有个企图图谋天下的大恶人大伴黑主，他装扮成守关人的模样，打算用樱树作为祈愿降服天下的护摩木。当他要砍那棵樱树的时候，小野小町之灵化成"倾城墨染"的面貌从树中出现。随后两人现出原形，展开了斗争。

《为朝武威击退痘鬼神之图》

　　源为朝为日本平安时期的武将，以勇武著称。图中描绘了他击退痘神的场景。痘神是民间信仰的神明，传说为护佑儿童的司命之神。痘又叫天花，是一种传染性极强的疾病，得了之后很难治愈，所以，人们对它敬惧如神。

绘卷·妖怪的竞演

223

撰悟六十三形新

武田勝千代
月夜古狸戯撃ヶ図

《武田胜千代 月夜击古狸之图》

日本妖怪图鉴

224

武田胜千代即武田信玄的幼名，日本战国时代甲斐国著名政治家、军事家。传说，有一天院中的木马突然叫胜千代的名字，问他军法和剑术哪个更重要，他回答说两者都重要，并一刀砍向木马，将木马斩杀了。原来这木马是古狸幻化的。

《源赖光斩土蜘蛛图》
　　详见第 22 页。

《蒿笼妖》
　　详见第 88 页。

《清玄之灵　恋慕樱姬之图》
　　详见第 114 页。

《葛叶狐童子见真身图》
　　详见第 102 页。

《平惟茂户隐山除鬼图》
详见第 92 页。

《三井寺赖豪阿阇梨恶念变鼠图》
详见第 85 页。

《牡丹灯笼》
详见第 12 页。

《清姬日高川蛇身图》
详见第 26 页。

《清盛福原见数百人头图》
详见第 174 页。

《茂林寺文福茶釜》
详见第 75 页。

《藤原实方怨化执心雀之图》
详见第 28 页。

《老婆婆持去鬼腕图》
详见第 2 页。

附录

妖怪画师之鸟山石燕

鸟山石燕（とりやま せきえん，1712—1788），原名佐野丰房，江户时代中期的浮世绘画家，被誉为妖怪画成就最高者。他的妖怪绘卷画面饱满，大多配有较为详细的妖怪说明，可谓图文兼备。他笔下的妖怪，每一个都个性鲜明，细节处理得也极为到位。例如妖怪身上的衣服花纹、背景屏风中的图纹，甚至一草一木，都表现得很到位。

江户时代以来，随着鸟山石燕的《画图百鬼夜行》等作品以"妖怪图鉴"的形式将妖怪描绘为博物学意义上的"物"，妖怪便逐渐褪去心理真实感，而被赋予某种角色形象。鸟山石燕用心打造自己笔下的每一个妖怪，最特别的是，他所描绘的妖怪身上没有阴森感和恐怖感，反而有种莫名的亲近感。他笔下的妖怪形象主要有以下几种：

一、山林中的妖怪

居住在山林中的妖怪以天狗为代表。天狗居住在深山之中，具有令人难以想象的超自然力量，是日本妖怪中相当强悍的一种。天狗的形象通常是鸟喙人身，身后长有一双鸟翼。天狗喜欢和人类产生交集，是一种积极活跃在人类生活圈的妖怪。从城市到乡村，从皇宫贵族到平民百姓，都与天狗打过交道。天狗具有幻术，可以利用幻术变幻形态来迷惑人类。

鸟山石燕的绘卷里的天狗，是古代天狗传说中独有的老鹰造型——乌天狗，在众天狗中处于较低级别。

二、水中的妖怪

居住在水中的妖怪以河童为代表。河童在日本是知名度与鬼和天狗齐名的妖怪，它的外表看起来像小孩一般，有四肢，体型纤瘦，皮肤像青蛙的皮肤那样黏滑能反光，它走过的地方会留下黏液的痕迹。河童最明显的特征便是它头部中央有个凹陷部位，呈碟状，有水时充满活力，一旦没水则会全身乏力。

三、以骨女为代表的怨灵

日本的妖怪中很多可以说是介于怪和精之间的，而这些精怪身后的传说往往是很凄凉的，如骨女生前是一位受他人欺负、蹂躏、侮辱的女子，死亡后带着强烈的怨恨化为了妖怪，并报复品行不端的男子。她的灵魂却依附于骨骸上，手提一

盏牡丹花灯，迷惑过往的男子。在男子的眼中，她是面容姣好的女子，但在旁人眼中却只是一副白骨。

四、付丧神

付丧神是指器物放置不理一百年，吸收天地精华、积聚怨念或感受佛性、灵力而得到灵魂化成妖怪，以三味长老为代表。三味线是日本传统弦乐器，与中国的三弦相近，由细长的琴杆和方形的音箱两部分组成。传说三味长老是三味线附身在乐师身上化成的妖怪，其身体为人身，脸为三味线的方形音箱形状，

出现时通常是一副读书的模样。妖怪的表情悲凄，表现出了三弦琴被遗弃后的无奈与落寞。

鸟山石燕倾其一生所绘制的《画图百鬼夜行》《今昔画图续百鬼》《今昔百鬼拾遗》《百器徒然袋》被誉为"不朽的名作"。这四册画卷共绘制了 207 种妖怪，这些妖怪造型大多成为现今日本妖怪文化中妖怪的原型，并且为后世所创作的有关妖怪题材的作品奠定了基础。比如，著名的妖怪推理小说家京极夏彦、漫画大师水木茂等，都继承了他的妖怪体系。

妖怪画师之歌川国芳

　　歌川国芳（うたがわ くによし，1798 — 1861），日本江户时代著名浮世绘画师。

　　歌川国芳幼名井草芳三郎，后改为孙三郎，因 12 岁时所画的《钟馗提剑图》被初代歌川丰国所发现，并于 1811 年师从其门下，当时歌川国芳 14 岁。1814 年，17 岁的国芳在合卷小说中发表了自己的插画，迅速在浮世绘界出道了。

　　1827 年，歌川国芳担任了《通俗水浒传豪杰百八人》系列版画的画师，他在作品中倾注了自己对勇者的诠释，一时间成为当

时最受欢迎的作品之一。

1843 年，国芳出版了《源赖光公馆土蜘蛛作妖怪图》的三枚连续作品。这部作品表面描绘的是日本平安时代的武将源赖光制服土蜘蛛怪的故事，其实画面主题并非制服，而是源赖光将军被蜘蛛怪的妖术所困，暗讽的是当时的将军德川家庆在国家危急的时刻不问世事。

1844 年，歌川国芳结识了葛饰北斋，两位天才的浮世绘画家碰撞出了火花。在此后几年，国芳出版了《宫本武藏与巨鲸》，国芳觉得宫本武藏的对手如果是人类的话还不足以强调武藏的力量，于是采用了巨鲸作为宫本武藏的对手来与之抗衡，凸显武藏的英雄气概。此画为三枚连续绘纸创作的超大幅浮世绘，这在当时可算是创意上的一大飞跃。

　　歌川国芳作为浮世绘歌川派晚期的大师之一，他的妖怪题材浮世绘代表着同时代的最高水平。

妖怪画师之月冈芳年

　　月冈芳年（つきおかよしとし，1839—1892），本名米次郎，画号魁斋芳年，晚名为大苏芳年，他是日本江户时代幕府晚期著名的浮世绘画师，又被人们称之为"最后的浮世绘画家"。芳年的画作素材范围涉及了美人、战争、历史、风俗等，并在其中加入了西洋画特色，从而形成了自己独树一帜的画风。

　　1850年，11岁的芳年拜入歌川国芳门下。他早期的创作题材主要是以英雄、武士为主角的"武者绘"。

　　1867年，月冈芳年与落合芳几相约竞技，表现歌舞伎惨剧中的情节，题名《英名二十八众句》，每人各画十四图，并以此作为

竞争目标。这套画描绘的均为杀戮场面，芳年将之画得特别血腥、残酷，其恐怖程度令人目不忍睹，后被人称为"无惨绘"，芳年也被人称作"血染的芳年"。此后，他又绘制了《魁题百撰相》等同类题材的作品，名声大噪。

　　1868 年后，随着明治维新的到来，芳年的绘画越发关注大变革中的日本，他逐渐拓宽了画路，开始涉猎美人画、锦绘报纸、战争画等此前并不熟悉的领域，对于妖怪主题的绘制也非常热衷。他一生中的有关妖怪画作的集大成作品便是《新形三十六怪撰》。此合集是继芳年青年时期创作的《和汉百物语》之后，最大规模的妖怪画集。在芳年的妖怪主题作品中，其整体色调都偏向华丽而浓艳的风格。1891 年，正值《新形三十六怪撰》出版之际，芳年病发，并于翌年去世。